School of stock investment

さらに確実に儲けるための
実践的な方法が学べる！

株式投資
の
学校

[ファンダメンタルズ分析編]

ファイナンシャルアカデミー
編著

「お金持ち投資家
になる！」ための
リアルノウハウ

ダイヤモンド社

はじめに

中長期投資の実践的なノウハウをお伝えする

「株式投資の学校」とは、ファイナンシャルアカデミーが主催する株式投資スクールの講座名です。その授業では、株式投資を実践するための基本から実践ノウハウまでを、体系的にお伝えしています。

2006年11月の開講以来、現在まで受講生は累計3万4000人に及び、現在でも多くの方が通学やインターネットのweb受講を通じて日々学んでいます。

この授業のカリキュラムをベースに書籍化したのが、前著『株式投資の学校［入門編］』です。同書では、基礎的な知識から実践に役立つ銘柄選びや売買タイミングの考え方までを一気にお伝えいたしました。とてもオーソドックスな内容でまさに「教科書」といえる本ですが、単に知識を得るだけではなく、実践でも役に立つことをしっかり見据えて作った本です。

おかげさまで、多くの方から「基本がわかりやすく学べて、すぐに実践に移せた」とご好評をいただき、2013年5月の発売以来、順調に今でも版を重ねています。そして、多くの読者の方から、**「さらに実践的なノウハウが知りたい」との声が多数寄せられ、このたび第2弾を刊行することになりました。**

株式投資には、デイトレードから長期投資までさまざま方法があり、それぞれの方法によって資産形成に成功された人たちがいます。その中で、本書は**中長期投資に焦点を当てて、より実践的なノウハウをお伝えしています。**

株式投資のより実践的なノウハウが知りたいというご要望が高まっている背景には、時代の流れの大きな変化があります。

2012年後半から、いわゆるアベノミクス（安倍晋三政権による経済政策）がスタートして、日本経済は大きな転換点を迎えたといわれてい

001

ます。

　アベノミクスは、金融政策、財政政策、成長戦略の三本の矢を柱としていますが、この中でも特に大胆な金融政策と財政政策でデフレを退治するという面が突出する形でスタートしました。

　その変化は、すぐに株価や為替の動きに現れました。ドル円相場は1ドル＝80円台から120円台に、日経平均は8000円台から2万円超へと、2015年半ばまでの約2年半で大きな水準訂正が起こりました。こうした成果をもって、多くの専門家は「アベノミクスは大成功した」と言っています。

　しかし、一方でアベノミクス開始から2年半以上が経過した2015年になっても、経済成長率は1％未満とほとんど高まっていません。そうした中でも、少子高齢化は確実に進展していますし、莫大な国の借金もさらに増え続け、年金に対する不安も拭い去れないままです。

　経済成長率が高まらないまま金融政策で株価だけが上がっていったら、いつかバブルが崩壊して、財政破たんや高度インフレになるかもしれない、という懸念の声もあります。

楽観派と悲観派のどちらが正しいのか――

　これはなかなか難しい問題です。経済学者、エコノミストなどの専門家の意見も真っ二つに割れている状況です、軽々に結論を出せるわけがありません。

　しかし、将来見通しについて結論が出なくても、資産運用の方針については結論を出すことはできます。

　それは、どういうシナリオになっても資産を守り、できれば増やしていく戦略を取ることです。

優秀な企業への投資は
インフレのリスクヘッジになる

　そのための最も有効な手段の一つが**株式投資**です。

　株式投資には、確かにリスクが伴います。しかし、リスクのない資産
など、この世の中には存在しません。現金でさえ、高度なインフレに
なってしまえば価値が目減りしてしまいます。現在は、経済状況にひとた
び異変が起きれば、高度インフレが起きるリスクを抱えています。

　インフレというのは、現金の価値が低下することですし、高度インフ
レとは、現金の価値が大きく毀損することです。たとえば、1000万円
持っていたとしても、それで買えるものは半分、あるいは数分の一に
なってしまうかもしれない、ということです。

　株式投資というのは、実はインフレに対してとても強い資産です。

　株式というのは会社の所有権であり、株式投資というのは、あなたの
大事なお金を会社に投資することを意味します。

　会社というのは、世の中から必要とされている製品やサービスを開発
し、供給し続ける限り、利益を稼ぎ続けることができます。

　特に、優秀な企業は中長期的にインフレに負けないほど利益を増やし
ていくことができますので、それに伴って、配当金や株価が上昇してい
きます。そのことは、歴史の中で繰り返し起きてきたことです。

ウォーレン・バフェットも
中長期投資で成功した

　一口に株式投資といってもいくつかの方法がありますが、それぞれの
方法で成功した人たちが存在します。

　しかし、その中で最も多くの成功者を出し、最も有効性が高いと思わ
れる方法は「中長期投資」です。それは、「**良い銘柄を見極め、割安に
買い、その成長を中長期的にじっくりと見守る**」という投資の仕方です。

003

それは、かのウォーレン・バフェットをはじめこれまで数多くの大成功者を生み出してきた投資法でもあります。

中長期投資にじっくり取り組むメリットは、資産形成に役立つということだけではありません。

株式投資を通じて世の中の動きを幅広く、あるいは深く学ぶ機会が得られますし、何よりも世の中の様々な事柄を観察し、勉強することが楽しくなってきます。

それは、きっと皆さんの仕事や生活にも直接的・間接的に役立つことでしょう。

また、何よりも、人生がより豊かなものになる一助になるはずです。本書がきっかけとなり、皆さんが株式投資に明るい展望を持つことができたとしたら、著者としてこれ以上の喜びはありません。

2015年冬

泉　正人

注：『株式投資の学校［入門編］』の中では、期間数ヵ月の投資を「中期投資」、1年以上の投資を「長期投資」と定義しましたが、本書では一般的に使われる言葉のニュアンスとして、数年程度保有する投資を「中長期投資」と呼んでいます。

免責
本書に掲載した銘柄は説明のための例としてご紹介するものであり、特定の株式の勧誘や売買の推奨等を目的としたものではありません。
当資料は信頼できると考えられる情報に基づいて作成しておりますが、情報の正確性、完全性を保証するものではありません。
投資などを行った結果については、その責を負いかねますので、ご自身で納得のいく投資を行ってください。

本書のデータ等は2015年9月現在のものです

CONTENTS
株式投資の学校[ファンダメンタルズ分析編]

はじめに

中長期投資の実践的なノウハウをお伝えする ⋯⋯⋯⋯⋯ 001

楽観派と悲観派のどちらが正しいのか—— ⋯⋯⋯⋯⋯ 002

優秀な企業への投資は
インフレのリスクヘッジになる ⋯⋯⋯⋯⋯⋯⋯⋯⋯⋯ 003

ウォーレン・バフェットも
中長期投資で成功した ⋯⋯⋯⋯⋯⋯⋯⋯⋯⋯⋯⋯⋯ 003

第1章

「成長性」と「割安さ」の見極めが中長期投資の決め手

1 中長期投資で成功する３つのポイント ⋯⋯⋯⋯⋯ 012

2 中長期投資で成功した３つの事例 ⋯⋯⋯⋯⋯⋯⋯ 013

3 株価は「ＥＰＳ」と「ＰＥＲ」の
掛け合わせで形成される ⋯⋯⋯⋯⋯⋯⋯⋯⋯⋯⋯ 021

4 「成長性」と「割安さ」の見極めが
株式投資の２大テーマ ⋯⋯⋯⋯⋯⋯⋯⋯⋯⋯⋯⋯ 023

5 成長性＝「独自の強み」×「売上拡大余地」 ⋯⋯⋯ 024

6 成長性を確認するための財務指標 ⋯⋯⋯⋯⋯⋯⋯ 025

7 株を割安に買う３つの局面 ⋯⋯⋯⋯⋯⋯⋯⋯⋯⋯ 027

8 成長株のＰＥＲの考え方・使い方 ⋯⋯⋯⋯⋯⋯⋯ 028

9 「持続性」とＰＥＲの
プレミア＆ディスカウント ⋯⋯⋯⋯⋯⋯⋯⋯⋯⋯ 030

10 中長期投資家にとっての
移動平均線の使い方 ⋯⋯⋯⋯⋯⋯⋯⋯⋯⋯⋯⋯⋯ 033

11 中長期投資家にとっての
リスク管理 ⋯⋯⋯⋯⋯⋯⋯⋯⋯⋯⋯⋯⋯⋯⋯⋯⋯ 034

第2章

「定性分析」で
将来性ある会社を見極める

1　まずは、定性情報をできるだけ入手しよう ……………… 036

2　「独自の強み」があるかを
　　3つのポイントで考えよう ……………………………………… 041

3　「会社の強み」は大きく分けて3種類 ……………………… 045

4　「商品力」を決める8要素 ………………………………………… 047

5　コモディティ化の恐怖 …………………………………………… 048

6　強力な定番商品を持つ会社は、
　　スランプ期が絶好の投資チャンスに ……………………… 049

7　「顧客志向」が強く「開発意欲」の高い会社は
　　中長期で伸びる ……………………………………………………… 052

8　アナログで複雑な技術は
　　キャッチアップされづらい ……………………………………… 055

9　独占的調達・独占的ライセンス契約を
　　維持できるか ………………………………………………………… 059

10　「乗り換えコストの高さ」で
　　　顧客を囲い込む ……………………………………………………… 063

11　「ネットワーク効果」を得た企業は
　　　爆発的成長も ………………………………………………………… 064

12　「地域独占」の会社は地道に稼ぎ続ける ………………… 066

13　「ニッチトップ」は優良な小型成長株の宝庫 …………… 067

14　「規制」に守られた業種、
　　　「規制緩和」で伸びる業種 ……………………………………… 069

15　「コスト競争力」がモノを言う業種 ………………………… 071

16	「残存者メリット」銘柄を狙おう	074
17	「販売力」も重要な強み	076
18	「売上拡大余地」の考え方	077
19	「経営資源」×「経営者」で考える会社の4分類	080
20	経営者を見極める5つのポイント	082

第3章
これから注目の投資分野はこれ！

1	有望なセクターを見つける6つのコツ	088
2	注目テーマ① インターネットショッピング	091
3	注目テーマ② インターネット広告	095
4	少子高齢化のトレンドから どんな注目テーマが生まれるか	098
5	注目テーマ③ 介護ビジネス	100
6	注目テーマ④ 医療・医薬品	106
7	注目テーマ⑤ 保育	111
8	注目テーマ⑥ 教育産業	114
9	注目テーマ⑦ 人材ビジネス	123
10	注目テーマ⑧ ロボット産業	127
11	注目テーマ⑨ インフラ輸出	133
12	注目テーマ⑩ グローバル展開する小売り・飲食業	137
13	注目テーマ⑪ 農業改革	144

第4章

財務分析で
その会社を詳しく点検する

1　財務諸表分析でわかること ————————— 148

2　決算短信の最初の要約ページをチェックしよう ———— 150

3　貸借対照表の「資産の部」を見るポイント ————— 152

4　「負債の部」で支払い予定を確認する ————————— 161

5　純資産の部で大切なのは3項目 ————————— 163

6　損益計算書の見方 ————————————————— 169

7　キャッシュ・フロー計算書から
　　異変を読み取る ————————————————— 180

第5章

株の売買タイミングと
景気・株価サイクルを見極める

1　PERで株の想定ゾーンを
　　考えて売買しよう ————————————————— 212

2　株価が想定レンジの下限を
　　大きく割り込んでしまったら…… ————————— 214

3　想定レンジの上限を
　　大幅に超えるケースは…… ————————————— 217

4　景気サイクルで
　　投資タイミングを考える ————————————— 218

5　長期の経済サイクル ————————————————— 228

6	GDPをチェックするポイント	231
7	景気を先取りする指標	236
8	経済指標を見ながら 株の売買タイミングを考える	239
9	金融政策への対処法を考える	244
10	金融政策で株価はどう動くか	248
11	為替によって株価はどう動くか	252

第1章

「成長性」と「割安さ」の見極めが
中長期投資の決め手

paragraph-1

中長期投資で成功する 3つのポイント

まずは、中長期投資に必要な3つの基本をしっかり押さえよう。

良い銘柄を割安に買いしっかり保有する

中長期投資とは、1年以上じっくり株を保有して値上がりを狙う方法であり、成功するために大切なポイントは、

①良い銘柄を選び

②割安な水準で買い

③リスク管理しながら中長期で保有する

ということです。

良い銘柄というのは、中長期的に業績を伸ばし続ける会社です。そうした銘柄を探すには、まずは、5年後、10年後にその会社が、今よりも業績を拡大させているかを考えてみましょう。

もちろん、上場企業が3600社近くある中で、将来を想像しろといわれても、想像できない会社ばかりだと思います。ですから、個人投資家としては、

「この会社の商品（サービス）は本当に良い」

「この会社の商品（サービス）がないと困る」

「この会社なら10年後にもっとすごくなっているだろう」

と楽しみにできる会社に絞って投資を検討するのがいいでしょう。

そういう会社を見つけたら、できるだけ割安な水準で買うチャンスを狙います。そのためには、PER（株価収益率）や株価チャートの移動平均線などが有効です。

そして、株価が大きく変動してもストレスを感じずに、大きく下落したら、逆に余裕を持って買い増しできるように考えて投資金額を決めます。

paragraph-2

中長期投資で成功した3つの事例

ユニ・チャーム、クックパッド、ジェイアイエヌという3つの成長企業の事例で、中長期投資のポイントを研究してみよう。

事例① ユニ・チャーム（8113）

紙おむつや生理用品の国内トップメーカーで、世界3位の会社です。特に、ここ10年はアジアで大きく売上を伸ばし、アジアのトップシェアも獲得しています。

1976年に株式市場に上場して以来、私たちの生活を便利で快適にする製品を次々開発して業績を伸ばし、2015年までの39年間で株価を100倍以上にしています。

はじめは、女性の生活の質向上と社会進出を手助けするために生理用品を開発して普及させたことで成長しました。そして、次には子育てをする女性の負担を減らすために紙おむつを開発し、普及させて成長しました。

ユニ・チャームの製品は多くの人、特に多くの女性や子育て経験者にとってなじみ深いものでしょう。主力製品である生理用品と紙おむつは、その品質の高さと手ごろな値段から多くのリピーターを獲得しています。

どちらの製品も競合の会社は多くいますが、吸収力が高い、漏れない、蒸れない、身に着けやすくて脱げづらいという機能や着け心地の良さなどの品質を高め、過当な価格競争に陥らずに高シェアをキープしたまま売上拡大することに成功しています。

ユニ・チャームのスランプ期は絶好の買いチャンスになった

ところが、2000年前後には国内市場での成長余地が少なくなってき

たことに加え、競争も激しくなってきて、一時期業績が伸び悩みます。

2000年2月から2001年12月にかけて、株価は900円→300円と3分の1になります（株価は2015年8月を基準に分割修正してさかのぼったもので、当時の実際の株価の動きとしては8100円→2705円）。

しかし、同社は国内市場が成熟することとアジア市場が成長することを見込んで、1990年代半ばから中国や東南アジアでの展開を本格的にスタートしていました。日本で成功した会社がその品質やビジネスモデルをもってアジアで成功する事例は多いのですが、最初からスムーズにいく例はあまりありません。言語の問題やアジアでの生活習慣、商習慣などの違いを克服して、現地に合わせた商品作りや販売方法を探る必要があるからです。優れた製品やサービスを持ちながら、こうした「現地化」に失敗するという事例も多いです。

ユニ・チャームの場合にも、2000年頃はそうした意味でアジア事業の模索期にあったといえます。そうしたことも業績と株価の低迷の背景にありました。

しかし、2000年代に入ってしばらくすると同社のアジア事業は軌道に乗り始め、アジアの高成長のトレンドに乗って、新たな成長トレンドが始まりました。特に2005〜2015年の10年は、アジア市場で大きく売上を伸ばし、利益は約3倍、株価は約8倍となっています。

実力のある会社がスランプに陥ったら、その会社と株価の動向をよく観察しましょう。スランプに苦しみながらも、将来に向けた本格的な改革や成長戦略などを実行していたら、そこは絶好の買いチャンスになる可能性があります。

ユニ・チャームの売買ポイント

図表1-1はユニ・チャームの過去20年の月足チャートと、主な高値と安値でのPERの推移です。移動平均線は24ヵ月、60ヵ月、120ヵ月の3つの期間で設定した3本を引いています。これらの移動平均線も重要な押し目のメドになっていることに注目してください。**押し目買**

014

いの時に頼りになるのは、**ＰＥＲと移動平均線**です。移動平均線の使い方については33ページを参照してください。

ＰＥＲについては、今期予想ＰＥＲに相当する数字（株価÷今期ＥＰＳ）を掲載していますが、ユニ・チャームの場合には、だいたい15〜20倍程度が「買いポイント」、30倍を超えると一旦高値になるという傾向があるようです。

2015年8月現在は、業績の好調さは続いていますが、株価3000円前後、ＰＥＲは40倍超と歴史的に見てかなり高い水準になっています。

図表1-1 ユニ・チャーム（8113）の月足チャートとＰＥＲ推移

事例② クックパッド（2193）

クックパッドは、日本国内で圧倒的トップのレシピサイトを運営しています。1998年にサービス開始し、今ではレシピサイト＝クックパッドというイメージが定着しています。

利用者は基本的には無料でレシピを閲覧でき、クックパッドは広告料収入で稼ぐというビジネスモデルです。

それに加えて、2004年にはより便利な閲覧機能が利用できる有料会員のシステムを導入し、2015年現在、100万人を超える有料会員を獲得して、収益の柱の一つにしています。

また、スーパーマーケットとの提携も拡大し、スーパーの特売情報などの広告料収入も伸びています。

業績は、2010年から2015年までの5年で約6倍、株価は約10倍になりました。

クックパッドの売買のポイント

クックパッドの過去の株価とＰＥＲの推移を見ると、**ＰＥＲ30倍割れが買いポイント**になることが多いようです。

2009年7月に上場した時には、ＰＥＲ46倍でスタートして、すぐに92倍の水準まで上昇しました。かなり高い期待感があったことがわかります。その期待に応えてクックパッドは、その後、業績を急ピッチで伸ばし続けます。

しかし、株価はその後、3年半近く横ばいの動きを続けます。

ＰＥＲの標準的な水準は15倍と考えられますが、46倍というのは、その3倍高い水準、92倍というのは6倍程度高い水準です。

ということは、それぞれ利益3倍増、利益6倍増まで織り込んだ水準だといえます。これはかなり高いハードルです。そのために、投資家たちは、その後クックパッドが好業績を発表し続けても反応しなかったのです。

図表1-2 クックパッド（2193）の月足チャートとPER推移

SBI証券サイト画面より

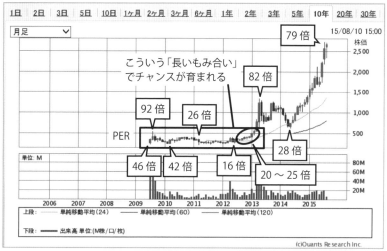

　このように、どんなに素晴らしい商品やビジネスモデルを持っていても、どんなに素晴らしい成長性を見せていても、もともとのPERが高いとなかなか株価が上がらないという状況になることは多々あります。

　クックパッドの場合には、**3年間、株価もみ合い状況が続きました。**高値で買った人にとっては半値になるという状況も耐える必要がありました。

　しかし、横ばいの株価の動きが続く中で、業績だけがぐんぐん拡大したため、PERは低下していきました。2012年後半には、20〜25倍程度となります。

この時、クックパッドの高成長はまだ続いていました。ヤフーなどの強敵の新規参入もありましたが、クックパッドには歯が立たずに撤退し、レシピサイトについては、クックパッドがいよいよ独占的なプレーヤーとして存在感を増していきました。

そして、レシピサイトとして圧倒的なユーザー数を誇るようになったクックパッドは、いよいよその強みを生かして収益化に本腰を入れ始めました。有料会員数の増加や、スーパーとの提携などで収益力をアップする方向に舵をきったのです。

2012 年の時点は、収益化に力を入れる戦略が緒についたばかりで、成長余地はまだまだ大きいと考えられました。そうした会社のＰＥＲ 20 倍台というのは、かなり割安だったといえるでしょう。2013 年に入ると株価は、いよいよもみ合いを上放れして、株価は一気に 4 倍以上にも上昇しました。

その後調整に入りましたが、2014 年 5 月にＰＥＲ 30 倍割れしたところは押し目買いのポイントになりました。

天井になるポイントは、これまでの主な天井を見るとＰＥＲ 92 倍、82 倍、となっています。ＰＥＲ 90 倍というと、標準的なＰＥＲ 15 倍の 6 倍であり、利益 6 倍増のところまで織り込んでいるといえます。ということは、利益が 10 倍くらいにならないと株価は値上がりしないかもしれない、と考えられる状態です。

事例研究③　ジェイアイエヌ（3046）

ジェイアイエヌは、メガネ店チェーン「JINS」を運営する会社です。JINS は、2009 年頃までは中堅のチェーン店にすぎませんでしたが、2010 年頃から「薄型平面レンズとフレームのセットで 4990 円」という画期的な低価格と、従来にない軽さやデザイン性・機能性などで人気が高まりました。

特に 2012 年には、ＰＣやテレビから発せられる有害なブルーライトをカットするという新開発のＰＣメガネを発売して大ブームになり、売

上本数で一気に業界トップ企業になりました。そして、業績は2年間で7倍、株価は10倍と大躍進しました。

ジェイアイエヌの売買ポイント

　ジェイアイエヌは、2011年に入った頃から業績拡大のトレンドがはっきりし始めてきましたが、8月まではPER17〜40倍くらいで推移していました。投資家の間で成長性の認識が徐々に広まり、PER20倍を大きく割れることがなくなってきました。

　2012年には力強い上昇トレンドに入り、それが13年5月まで続きます。その間、業績の大幅な上方修正や拡大が続き、それに伴って株価をどんどん切り上げていきました。

　この上昇トレンドの間に、PERは25〜45倍の範囲で振幅していきました。

　大きな成長性を持ち始めた株の場合には、PER20倍前後というのが買いタイミングを考える一つのメドだと思われます。

　また、PCメガネブームのような中で急激、かつ大きな業績拡大に入り始めた段階では、買う基準をPER30倍程度まで上げないと、なかなか買えなかった、ということがいえます。

急速なブームで成長した場合、その反動にも注意を

　ところが、2013年5月、業績絶好調の中で株価が突然急落しました。この時、急落したのは、日経平均が急落したことにつられた面もありましたが、それにしても株価が2ヵ月で約49％下落と、同じ時期の日経平均の下落幅22％を大幅に上回り、52週移動平均線さえ割り込んでしまいました。

　7月5日に発表された月次データで、6月の既存店売上の前年比が、5月の33.7％増から6.1％増へとガクンと落ちたことを皮切りに、その

後業績が崩れていきます。ＰＥＲもピークの42倍から21倍とガクンと落ちますが、これは割安になったというよりも、ブームの終焉を織り込み始めたということでした。その後、同社の株価は2203円まで下落し、1年以上の調整局面を迎えました。

急速に成長した後は、会社の人材育成や運営全般などが追いつかなくなり、一時的に会社全体が混乱して低迷期に入ってしまうことがよくあるので、その点は要注意です。

図表1-3 ジェイアイエヌ（3046）の週足チャートとＰＥＲ推移
楽天証券「マーケットスピード」画面より

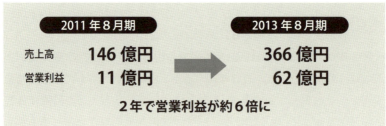

paragraph-3

株価は「ＥＰＳ」と「ＰＥＲ」の 掛け合わせで形成される

「ＥＰＳ（1株当たり利益）」は利益、「ＰＥＲ（株価収益率）」は投資家からの評価。この2つの掛け合わせで株価が形成されるイメージを常に持つことで、良い株の良い売買タイミングが探ることができる。

株価はＥＰＳ×ＰＥＲで決まる

前ページまでに紹介した3銘柄は、いずれの株も業績拡大が株価上昇の原動力になっている様子が感覚的に納得できると思います。

株価というのは「**株価＝ＥＰＳ×ＰＥＲ**」という式のように、ＥＰＳとＰＥＲによって形成されています。

中長期的に株価が大きく上昇する株というのは、ほぼ例外なくＥＰＳが大きく伸びます。ＰＥＲについては、小さくなるケースも大きくなるケースもあります。もちろん、ＥＰＳとＰＥＲの両方が伸びれば、株価はその掛け合わせで大きく上昇します。

たとえば、ユニ・チュームの株価形成の様子を見てみましょう。2015年を基準に分割修正して考えます。

2005年の安値では、ＥＰＳ25円、株価444円、ＰＥＲ18倍ということでしたが、ＥＰＳ25円とＰＥＲ18倍を掛け合わせて444円という水準が形成された、と考えられます。

端数については四捨五入しているので、掛け合わせた数字が株価には正確に一致しませんが、その点はおおらかに見てください。

そして、2015年の高値では、ＥＰＳ73円、ＰＥＲ47倍、掛け合わせて3398円という高値が形成されたということになります。以上をまとめると、

021

2005年安値　ＥＰＳ25円×ＰＥＲ18倍＝株価444円
2015年高値　ＥＰＳ73円×ＰＥＲ47倍＝株価3398円

ということです。

　業績の伸び（ＥＰＳ）だけだったら2.9倍でしたが、ＰＥＲが2.6倍になっているので、掛け合わせて8倍弱という株価上昇になっています。

　ＥＰＳかＰＥＲのどちらかが上昇すれば、株価は上昇するし、ＥＰＳとＰＥＲの両方が上昇すれば、その掛け合わせで株価はさらに上昇する、というのが株価形成の原理です。同様に、

● クックパッド

2009年安値　ＥＰＳ5.3円×ＰＥＲ46倍＝株価243円
2015年高値　ＥＰＳ34円×ＰＥＲ79倍＝株価2687円

● ジェイアイエヌ

2011年安値　ＥＰＳ19円×ＰＥＲ15倍＝株価293円
2013年高値　ＥＰＳ143円×ＰＥＲ42倍＝株価6020円

となります。

　このように見ると、**上昇する株を探すには、①業績（ＥＰＳ）が伸びそうで、②ＰＥＲも上がりそう、という条件のものを探すのがコツ**だということが改めてわかります。

　このうち特に大切なのは業績です。ＰＥＲが「割安な水準」から「適正な水準」になり、さらに「強気な水準」になる……という変化が起きるのは、業績拡大が続く中であるケースがほとんどです。

　ＰＥＲというのは投資家からの評価ですが、注目度が低くて評価も低い状態から、注目度と評価が高い状態に変化していくのは、業績拡大が続くことによって、投資家からの評価・注目度が上がることによります。

paragraph-4

「成長性」と「割安さ」の見極めが
株式投資の２大テーマ

中長期投資にとって最重要な２大テーマは「成長性」と「割安さ」。
それらの見極め方をしっかり学ぼう。

これを極めれば中長期投資の達人になれる

株価はＥＰＳ（１株当たり利益）とＰＥＲ（株価収益率）の２要因の
掛け合わせによって形成されると述べましたが、言い換えれば、**株価は
「業績」と「投資家からの評価」で決まる**、といえます。

ＰＥＲは割安さを見る指標ですが、成長性が高ければＰＥＲは高く、
将来性が不安ならＰＥＲは低く評価されます。そうした意味で、**ＰＥＲ
は投資家からの評価**といえます。

しかし、その評価が不当に低かったり高かったりすることもあります。
不当に低い状態のことを「割安」といい、その分の修正も期待できます。
また、業績を伸ばしている間に評価（＝ＰＥＲ）が上がっていくという
ケースも多いです。

要するに、**投資対象を探す時には、「成長性」と「割安さ」の２つの
要因が重要**だということになります。この２つを見極める目を養ってい
くことが投資家としての大テーマであり、そのことによって投資の腕前
はぐんぐん上がっていきます。

そして、本書も、まさにこの２つを追求していくことがテーマとなっ
ています。

paragraph-5

成長性＝
「独自の強み」×「売上拡大余地」

「成長性」と「割安さ」という株価の2大要素のうち、特に大事な「成長性」を見極めるポイントを理解しよう。

成長性を見極める2つのポイント

企業の成長性は、「**独自の強み**」と「**売上拡大余地**」の2要素の掛け合わせで決まります。

どんなに儲かる商売をしていても、「独自の強み」がなければ、すぐに他社に真似されてしまい、新規参入が起きて競争が激しくなり儲からないビジネスになってしまいます。独自の強みとは、その会社しか提供できない商品、品質の高さ、新規参入の難しさ、技術力・開発力の高さ、販売ネットワーク、他社が真似できないビジネスの仕組み、などです。

また、独自の強みを持っていても、その商品・サービスに対する需要が減っていくようでは、その会社の業績見通しも良いものとはいえません。その会社の商品・サービスに対する需要が国内、できれば海外でも拡大余地が大きいことが望ましいです。

たとえば、女性や子育て経験者の多くはユニ・チャームの紙おむつや生理用品の使いやすさを実感しており、その強みをもって莫大な潜在市場規模を持つアジアに展開すれば、大きな成長力が発揮できるだろうということはある程度予想できたと思います。

もちろん、約束された成功はありませんし、強力なライバルが出現したり、新しい技術が出現したりという脅威は常に存在します。ですから、その株を保有しながらも業績チェックや企業動向、業界動向をチェックし、常に成長シナリオを検証していく必要はあります。しかし、シナリオ通りに進展していると判断している間は、保有し続けるというのが中長期投資の基本方針です。このような企業分析を**定性分析**といいます。

paragraph-6

成長性を確認するための財務指標

会社の良し悪しを判断する上で参考になる財務指標を紹介する。定性分析と合わせて銘柄の判断をしていこう。

最重要な財務指標・財務データ

企業の成長性は、基本的には定性分析で考えていく必要がありますが、財務データでもある程度判断することはできます。もちろん、財務データによる判断は絶対的なものではありませんが、財務的な条件はできるだけそろっていることが望ましく、その方が良い銘柄である可能性は高いです。

❶売上高、経常利益の推移

売上高、経常利益はいずれも拡大傾向にあることが望ましいです。

売上高は、企業の収益のおおもとなので、これが伸びていないと成長性にも限界が出てきます。

営業利益と経常利益は、ほぼ同じような水準でほぼ平行して動いていますので、どちらをチェックしてもいいでしょう。もちろん、両方チェックすることが望ましいです。

これら業績データの推移は、基本的には過去の結果、あるいは足元の期の予想にすぎず、将来を保証するものではありませんが、やはり実績がある会社の方が将来性についても期待できるといえます。

❷売上高経常利益率（あるいは売上高営業利益率）

経常利益を売上高で割ったもので、売上高のうちどのくらい経常利益になるかを見る指標です。経常利益の代わりに営業利益を使い、売上高営業利益率を見てもいいです。

この指標は、業種やビジネスモデルによっても異なってきますが、一

025

一般的には10%以上あると儲けやすい事業を行っていると判断できます。

同業のライバルと比較してみると、どちらが優秀なのかを測る一つの参考データにはなります。

ただし、これも絶対的な指標ではありません。この指標が優れていてもその後、収益力が衰えていくケースもありますし、逆に、先行投資を一所懸命やっていたために、この指標が低めになっていて、その後収益拡大するケースもあります。あくまでも定性分析とともに判断していく必要があります。

❸ROE、ROA

ROE（株主資本利益率）は、純利益を自己資本で割って求めた利回り、ROA（総資本利益率）は、純利益を総資本で割って求めた利回りです。それぞれ、使用している自己資本や資産をどれだけ有効活用しているのかを見る指標です。業種やビジネスモデルによって異なってきますが、一般的には**ROE 10%、ROA5%程度**が、収益性の高い企業かどうかのメドといわれています。

このうちROEは、株主が企業に預けているお金をどれだけ有効活用しているかを見る指標なので、中長期的な株式のパフォーマンスと関連性が大きいといわれています。株式市場でも注目度が高い指標です。

ただし、2015年現在の日本の上場企業のROEの平均は8％程度で、15％程度の欧米とは大きな差があります。こうした状況を改善しようと、安倍政権は企業に資本効率の改善を求めるためのコーポレートガバナンスコード、機関投資家に企業の監視の役割を強化するように求めるスチュワードシップコードなど、様々な改革策を打ち出しており、日本企業が欧米並みのROEになることを目指しています。ただし、ROEは自己資本が少ないことによって高くなるケースもあります。自己資本が少なく、借金が多いような場合は、経営の安定性が損なわれ、収益性が高くなくてもROEが高くなることがあります。そのため、ROE単独で見るのではなく、ROAも合わせて見たり、詳しい財務分析も加える必要もあります。財務分析の詳細は4章で見ていきます。

paragraph-7

株を割安に買う
3つの局面

良い株を見極めたら、その企業動向、業績、株価などをウォッチして、割安な水準で買うチャンスを探るが、特にチャンスとなる3つの局面について考えよう。

PERと移動平均線で
3つのチャンスを捉える

株を割安に買うには、PERで割安さを探るのが基本ですし、補助的に移動平均線で押し目ポイントを探るのも有効です（33ページ参照）。

そして、中長期投資をする上で特に絶好の買いチャンスとしては、以下の3つの局面が考えられます。

①業績が一時的に落ち込んで、株価が大きく調整する局面
②全体相場が急落した時に一緒に下落する局面
③長期的なもみ合いが続く中で、業績拡大が続いてPERが低下する局面

①は、13ページで紹介したユニ・チャームの2000年2月から2001年12月にかけての調整局面が典型例です。これは、後から振り返ると絶好の買いポイントになりました。しかし、業績が悪化している時は、株式市場でもその企業に対する弱気な見方が蔓延していて、本当に復活するのかを判断するのはなかなか難しく、①のようなチャンスをものにするには、その企業のことをある程度よく理解している必要があります。

それに対して②や③は、企業業績自体がスランプに陥っているということではなくて、あくまでも全体相場の影響で下落したり、株価の割高さが調整されているというだけなので、比較的捉えやすいです。

ユニ・チャームの2009年1月や2011年3月（15ページ参照）や、クックパッドの2014年5月（17ページ参照）などがその典型例です。

paragraph-8

成長株の
PERの考え方・使い方

　成長株の割安・割高をPERでどう判断したらいいのか。PERの基本から改めて考えてみよう。

PERの基本を改めて

　先ほど説明したように、**PERとは株価収益率のこと**で、「**株価÷EPS**」**で計算**できます。株価がEPSの何倍かという倍率です。

　EPSは1株当たり純利益のことで、単に一株益ということもあります。会社の1年間の純利益を発行済み株式数で割ったものです。

　PERの市場平均は、古今東西のデータを見ても、だいたい10 〜 20倍程度で推移しています。ですから、だいたい15倍が標準的な水準という見方が株式市場のコンセンサスです。

　PERを計算する時は、今期予想EPSを使うのが普通です。今期の予想EPSが100円であれば、株価はその15倍の1500円程度であるのが標準的な株価の水準だと考えられることになります。

成長株のPER

　成長企業の場合には、EPSが今後、どんどん拡大していくと予想されます。たとえば、数年後にEPSが200円になるだろうと考えられるとします。こうした見方が投資家の間に浸透していけば、株価はそれを織り込んで、EPS 200円の15倍の3000円を目指すようになる傾向があります。さらに強気に評価されて、PER 20倍の水準になれば株価4000円ということになります。このケースでは、数年後EPS 200円に対するPER 10倍の2000円くらいまでが割安水準といえると思います。

028

株価3000円というのは、ＥＰＳ200円で計算すればＰＥＲ15倍ですが、今期予想ＥＰＳ100円で計算すればＰＥＲ30倍の水準です。同じように、強気水準の4000円は今期予想ＥＰＳの40倍、割安水準2000円は20倍ということになります。

　ここで数年後といいましたが、**株式市場は3年程度先くらいまで読んで動いている感じではないかと経験上思われます。**ですから、ここでいう数年後は、3年後のことと考えてください。

　同じように、3年後に利益2倍、3倍というケースを考えると、図表1－4のように整理できます。

　要するに、通常はＰＥＲ10倍で割安、20倍で割高と考えるところが、3年後の利益が2倍と見込めるならその基準を2倍に、3年後の利益が3倍になると見込めるなら基準を3倍に上げて考える、ということになります。

図表1-4　成長株のＰＥＲ

ＰＥＲによる売買メド

3年後の利益	割安 PER	標準 PER	強気 PER
1倍	10倍	15倍	20倍
1.3倍（年率10%ペース）	13倍	20倍	26倍
1.5倍（年率15%ペース）	15倍	23倍	30倍
1.7倍（年率20%ペース）	17倍	26倍	34倍
2倍（年率30%ペース）	20倍	30倍	40倍
3倍（年率50%ペース）	30倍	45倍	60倍

注：成長の倍率と、カッコ内の年率のペースは正確には一致していません。だいたいの目安として見てください。

paragraph-9

「持続性」とPERの
プレミア＆ディスカウント

　ここから数年の「成長ペース」に加え、長期的な「持続性」を考え合わせることで、成長株のPERの判断法を実践的に磨こう。

「持続性」の重要性

　前項では、向こう数年の「成長ペース」について考えましたが、中長期投資では、それ以上に収益の**「持続性」**の方が大切です。

　成長が1～2年で終わってしまうと、株価上昇も1～2年か、それ以下で終わってしまいます。このように、何らかのブームで株が上昇している時には、株価の上昇も短期間で終わってしまう傾向があります。

　しかも、株価のピークアウトは、ブームのピークアウトよりも何ヵ月か早く訪れることが多いので、そこらへんに注意しながら株の売買をする必要があります。

　中長期投資の場合には、できれば、そのような短期的なブームではなくて、10年、20年と成長が続くような「持続性」の高い会社を投資対象にしたいところです。

　成長の持続性というのは、まさに24ページで述べた「成長性」の考え方を当てはめて考えればいいのです。**独自の強みがあり、売上拡大余地が大きければ、その会社の成長の持続性は高い**と考えられます。

　成長性が10年、20年と持続性が高い場合には、PERにもプレミアがつけられて評価されることが多いです。

　「10年は成長が続く」と考えられる高持続性企業の場合には、PERのプレミアは5倍分くらいつく感じかと思います。

　たとえば、毎年10%くらいのペースで成長している会社の場合、「割安PER13倍、標準PER20倍、強気PER26倍」ですが、持続性が高いと考えられる場合には、5倍のプレミアをつけて、「割安PER18倍、標準PER25倍、強気PER31倍」というように考えます。

逆に、持続性が低そうなら、5倍分くらいディスカウントして考えてみるといいと思います。

ここまで説明してきた「成長ペース」や「持続性」を考え合わせたPERの使い方を先ほどの3事例に当てはめて検討してみましょう。

ユニ・チャームのケース

同社の過去の実績を見ると、3年で利益1.3〜1.5倍程度のペースで利益が増えていますが、やや慎重めに「3年で利益1.3倍」という前提で考えてみましょう。この場合は、割安PER 13倍、標準PER 20倍、強気PER 26倍と考えられることになります。

また、同社の場合は、成長率も比較的落ち着いていますし、過去の実績を見ても、事業内容を考えても、かなり安定性が高いように思われます。軌道に乗っているアジア事業も、人口の多さや中間層の増え方を見ると、今後も、同社製品のユーザーが増える余地は大きそうです。

そうしたことから「持続性が高い」と判断すると、5倍のプレミアをつけて、割安PER 18倍、標準PER 25倍、強気PER 31倍となります。同社の過去の業績を見ても、だいたいそのような推移を見せているといっていいでしょう。

クックパッドのケース

クックパッドは3年で利益2倍くらいのペースが続いています。その前提で考えると、PER 20倍で割安、40倍を超えてくると割高感が出てくる、と判断できます。

30％という高い成長率が続くかどうかについては、ややハードルが高そうですが、レシピサイトとしての圧倒的なポジションの優位性を考えて「成長の持続性は高そう」と判断したとすると、プレミア5倍分を加えて、「PER 25倍で買い、45倍で売り」というのが当てはまると思

031

われます。

ジェイアイエヌのケース

　急成長している時には、3年で利益3倍以上のペースでしたので、PER 30倍だと割安で、60倍くらいまで行ってもおかしくない感じでした。しかし、実際にはPER 45倍程度で天井を打ちました。

　PCメガネブームの時、ジェイアイエヌの業績拡大はすさまじかったですが、ユニ・チャームやクックパッドの成長に比べると不安定で持続性に疑問符が付く感じでした。なので、60倍までは行ききれなかったのかもしれません。

　ただ、高値がどこまで行くかという予測は、かなり難しいです。ジェイアイエヌの場合も、日経平均の急落がなければ60倍まで行ったかもしれません。しかし、その後ブームの終焉で業績が大きく後退しますので、PER 60倍まで行ってしまった時にはその後の株価下落はもっとすさまじくなっていたかもしれませんが……。

　以上、事例研究で見た3銘柄についてのPERを検討してみました。こうした売買メドが今後も通用するかどうかは、あくまでも、その成長ペースが今後も続くかどうかにかかっています。

　ユニ・チャームの成長ペースがもっと緩やかになったり、将来見通しが悪くなったりすれば「割安PER 10倍、標準PER 15倍、強気PER 20倍」になるかもしれません。

　クックパッドの成長性が緩やかになれば「割安PER 15倍、標準PER 23倍、強気PER 30倍」になるかもしれません。

　PERによる割安・割高の判断は、あくまでもその時点での将来性見通しによるので、その点は常に考えながらPERを使うようにしましょう。

paragraph-10

中長期投資家にとっての
移動平均線の使い方

移動平均線はPERとともに売買タイミングを計るのに役立つツールだ。移動平均線を使いこなすコツをしっかり押さえよう。

注目される主な移動平均線

移動平均線というと株価チャートのトレンドの分析法の一つですので、どちらかというと短期トレーダー向けの分析ツールというイメージがあります。

しかし、中長期投資家が対象銘柄の押し目をじっくり狙って買いたいという場合には、以下のような移動平均線が押し目のメドの参考になります。中長期投資の判断は、あくまでもファンダメンタルズ面から**「成長性」**と**「割安さ」**を考えて行うべきですが、それらの判断と合わせて補助的に移動平均線も見ていくといいと思います。

13 〜 20 ページに掲載した3銘柄の長期的な株価の推移を見ても、以下の移動平均線がところどころでよく押し目メドとして機能していることが見て取れます。

**図表 1-5 中長期投資家にとって
押し目買いの参考になる移動平均線**

移動平均線の種類とメド	
移動平均線の種類	どの程度の押し目のメドになるか
13 週移動平均線	数ヵ月に一度の押し目買いのメド
26 週移動平均線	
52 週移動平均線	1〜2年に一度の押し目買いのメド
24 ヵ月移動平均線	
60 ヵ月移動平均線	数年に一度の押し目買いのメド
120 ヵ月移動平均線	

paragraph-11

中長期投資家にとっての
リスク管理

中長期投資でもリスク管理は必要。そのための考え方について整理しよう。

リスク管理三ヵ条

中長期投資家にとってのリスク管理の基本は、

①**投資理由を明確化し**

②**余裕ある金額で投資し**

③**理由が崩れたら売却する**

という3つです。

株式市場は、思わぬ大きな上下動になることが多々あります。大震災や金融危機の時などは、特にそうです。そうした相場の波に翻弄されず、逆に安く買うチャンスに変えるには、投資理由の明確化と余裕ある金額で投資することが必要です。理由が不明確で投資金額が大きすぎると、投資家は株価の動きに翻弄されやすくなり、買うべきところで売ってしまったり、売るべきところで買ってしまったりというふうになりやすくなります。投資金額は「やや物足りない」くらいで十分ではないかと思います。

「損切り」については、中長期投資家にとっても大切です。そのためには、**投資理由をハッキリさせておくこと**です。そして、**投資理由が崩れたら躊躇なく売却しましょう。**

理由のなくなった銘柄を「安くなったから売れない」という理由だけでダラダラ保有し続けるのは、とても危険です。株価は半分や3分の1になることはザラですし、10分の1、20分の1になることだってあります。そうしたことを常に頭に入れて、「なんとなく株を持つ」という状態は避けるようにしましょう。

第2章

「定性分析」で
将来性ある会社を見極める

paragraph-1

まずは、定性情報をできるだけ入手しよう

中長期投資で一番大事なのは、その会社のことをよく知ること。数字はもちろん、その会社はどんなビジネスをしていて、どんな強みがあり、どんな経営者が率いているのか、そうした情報をできるだけ集めよう。

定性面が将来の財務状況を決める

良い会社かどうかを見極めるための分析には、**「財務分析」**と**「定性分析」**の2つがあります。

その会社の財務内容や業績などを分析する「財務分析」でその会社の特徴や強みなどをつかみ、将来性の判断に役立てることはできますし、その知識・ノウハウについては4章で述べます。

しかし、将来性を判断する上でなんといっても大事なのは、**事業内容**と**経営内容**など**質的な面**、つまり**定性面**です。

現在の財務内容が良くなくても、有望な新規事業が軌道に乗り始めるなど定性面が良ければ、財務データも良いものに改善していきます。

逆に、本業で深刻な問題を抱えるなど定性面が悪ければ、現在、素晴らしい財務データでもそれが悪化していってしまいます。このように、**定性面こそ、将来の財務の変化を決定づける大事な要因**です。

定性分析で大切な2大ポイントは、繰り返し述べてきたように**「独自の強み」**と**「売上拡大余地」**であり、この2要素を探ることが大切です。

そのためにも、まずは、その会社が、

・どんな事業をしているのか

・どんな仕組みを持っているのか

・何が強みなのか

という情報を得る必要があります。

情報を得る手段を以下に列挙しました。

定性情報の入手ルート一覧

　以下のように、企業に関する情報を入手するルートをできるだけ多く並べてみましょう。

　もちろん、これを全てやるということではありません。しかし、じっくり中長期投資する企業を探すなら、できる限りその会社のことを調べるべきですし、それが投資家の仕事です。

　投資の成果は、短期的には運に左右されますが、中長期的には努力に比例します。**どれだけ調べて考えるかによって、投資成果が変わってくる**、というのが株式投資という仕事です。

❶日常生活

　まずは、日常生活を見まわしてみましょう。日常生活は企業に関する情報の宝庫です。企業活動の多くは、私たちの生活に密接にかかわっているからです。

　挙げればきりがないですが、その中から、すごい製品・サービス、10年後にさらに伸びそうな製品・サービス、海外展開したら伸びそうな製品・サービスなどを考えてみましょう。家族や友人・知人に聞いてみるというのも良い方法です。

　たとえば、生活の中で以下のような場面を振り返って、成長企業を探してみましょう。

●買い物

よく買い物に行くお店……スーパー、百貨店、コンビニ、家電量販店、ドラッグストア

身に着けるもの……洋服、下着、靴下、靴、帽子、メガネ、時計、アクセサリー

身の回りのもの……雑貨、日用品、家具、家電、本、おもちゃ、その他趣味関連

乗り物……自動車、自転車、バイク

その他……子育てグッズ、介護グッズ

●飲食

レストラン、ファーストフード、カフェ、居酒屋、バー、焼肉店、ラーメン店、たこ焼き屋

●その他サービス

子育て・教育……学習塾、習い事、保育、育児サポート
介護・医療……予防、検査、高度医療、デイサービス、老人ホーム
冠婚葬祭……結婚式、結婚情報、葬儀、お墓、法事
レジャー……遊園地、温浴施設、ゲーム、パチンコ、旅行
ホテル・移動手段……宿泊施設、航空、鉄道、バス、レンタカー
住まい……不動産、リフォーム
金融……証券、銀行、保険、資産運用
ペット……ペットフード、洋服、リードなど器具、ペットシート、
　　　　保険、医療

●インターネット関連

ネットショッピング、コミュニティ（SNS）、ゲーム、アプリ

❷会社四季報

1社当たりはわずかな情報量ですが、3ヵ月ごとに最新情報が得られるというのは、情報が少ない小型企業を知る上ではとても貴重です。会社を調べるとっかかりとして、まず会社四季報の記事を見てみましょう。

❸インターネット検索

物事を調べるのに、今やインターネットを利用するのは常識です。様々な手段で検索して調べてみましょう。

まずは、会社のホームページで以下の資料に当たる。

決算短信、有価証券報告書

定性情報

貸借対照表、損益計算書、キャッシュ・フロー計算書（ともに４章）

アニュアルレポート、統合レポート

　　※定性情報が豊富に掲載されていますが、出している会社は少ない。

決算説明会資料

インターネット上の記事や社長インタビューなど

　次に、会社名などでインターネット検索してインターネット上の会社関連の記事などを探します。

　さらに……

YouTube

　　会社を紹介する動画や社長インタビューなどが出てくることも。

ツイッター検索

　　情報を調べる手がかりをつかめることもある。

ヤフー掲示板

　　信憑性低い書き込みが多いですが、参考になる情報も。

日経テレコン21

　　日経新聞の記事検索サービス。

　　楽天証券、丸三証券などで利用できる。

❹株主総会、ＩＲイベント

　経営者やＩＲ担当者と交流できる貴重なイベントです。

　大きなＩＲイベントとしては、毎年２月頃に開催されている東証ＩＲフェスタ、７月に開催されている名証ＩＲエキスポ、８月に開催されている日経ＩＲ・投資フェアなどがあります。

　その他にも様々なイベントが開催されています。ネット検索などで調べて、積極的に参加しましょう。

❺テレビ番組

ワールドビジネスサテライト、News モーニングサテライト、ガイアの夜明け、カンブリア宮殿、未来世紀ジパング、がっちりマンデー‼、クローズアップ現代など。最近は、ＢＳやＣＳなどでも企業のことを紹介する経済系の番組が増えてきました。

できるだけ、そうした番組を録画機で毎回録画しておき、興味ある会社や分野だけでもチェックするといいでしょう。

❻書籍

アマゾン・ドット・コムなどで、社名、創業者名、社長名などで検索して関連書籍が見つかれば、かなり深い情報が得られる可能性があります。

❼雑誌

週刊ダイヤモンド、週刊東洋経済、日経ビジネスなどの経済誌にはビジネスや企業の情報が満載です。気になるテーマや企業の記事が掲載されていれば読んでみましょう。

❽アナリストレポート

最近は証券各社がアナリストレポートを提供するケースが増えています。投資判断や業績予想が必ずしも的中する保証はありませんが、アナリスト独自の取材による情報は参考になることが多いです。

また、目標株価が実際の株価の1.5倍以上あるような場合はサプライズとなり、株価が反応することが多いです。

paragraph-2

「独自の強み」があるかを
３つのポイントで考えよう

独自の強みがある会社には主に３つの特徴がある。それを手がかりに独自の強みのある会社を探そう。

高シェア、価格維持力、高利益率

独自の強みがあるというのは、「他が真似できない」「新規参入できない」ことです。こうした状態を「参入障壁を築いている」ともいいます。高い参入障壁を築いて敵からの攻撃を防御できる企業が、独自の強みを持つ企業といえるでしょう。

そして、「独自の強み」というのは、主力商品が高シェアか独占状態で、高い価格維持力を持ち、高い売上高営業利益率として表れてくる、という特徴を持ちます。

その会社が「独自の強み」があるかどうかを考えるには、この３つをチェックポイントとして考えてみるといいと思います。

必ずしも全てそろっている必要はありませんが、２つ以上そろっていると「独自の強み」を持つ可能性が高いと思われます。もちろん、３つそろっていれば、その可能性はさらに高まります。次ページからは、各項目について詳しく見ていきましょう。

図表 2-1 「独自の強み」を持つ企業の３つの特徴

①高シェアかオンリーワン
②高い価格維持力
③高い売上高経常利益率

①高シェアかオンリーワン

　高いシェアというのは、その会社が業界内で独自の強みを持っている証である可能性が高いです。

　特に、シェア50%を超えて2位を2倍以上引き離している状態であれば独占に近い状態といえるでしょう。この状態では、価格の支配力も握り、高い売上高営業利益率となることも多いです。

　3～4社でシェア8～9割いくケースは寡占状態といって、競争はあるもののあまり激しくなく、比較的安定して収益を享受できることが多いです。

　オンリーワン、すなわち、その会社しか提供できない製品やサービスを持っているというケースは独占に近い状態といえます。

　たとえば、ウォルト・ディズニーはキャラクタービジネスという括りで考えると独占的シェアを持っているわけではありません。

　しかし、同社のミッキーマウスやミニーマウス、その他多くのキャラクターは世界的に大変人気があって、様々な商品へのキャラクター使用などのニーズがあり、それはディズニーが独占的に提供できるものです。そうした意味で独占に近い状態だといえます。

　日本の企業では、サンリオもウォルト・ディズニーのようにハローキティをはじめ、独自の人気キャラクターをさまざま抱えるオンリーワン企業といえるでしょう。

　ヤクルト本社の提供する飲料「ヤクルト」も類似品がありません。「ヤクルト」は独自に開発した製法で、腸まで生きたまま乳酸菌が届くヤクルト菌を含んだ独特の味の飲料です。その味を気に入った人はもちろん、その整腸作用を実感している人は、ヤクルトを忠実に飲み続けています。大腸がんなどの予防になることも医学的に指摘されていて、健康志向が高まるにつれて「ヤクルト」の愛飲家が世界にじわじわ拡大しています。

　アップル社のiPhoneも、世界シェアは2位ですが、高い品質・性能・デザイン・ブランド力によって世界中に熱狂的なファンをガッチ

リ抱え、やはり独占企業のような強さを持っています。

②高い価格維持力

　独自の強みは、高い価格維持力、さらに高い売上高経常利益率として表れてきます。たとえシェアが低くても、価格維持力と売上高経常利益率が高ければ、その会社に何か強みがあることの表れである可能性があります。

　価格維持力が強いということは、競争力が強くて、ライバルとの価格競争に巻き込まれていないということです。

　たとえば、価格競争が激しさを増すスマートフォン市場にあっても、アップル社のｉＰｈｏｎｅは高価格を維持しています。逆に、高価格を維持できなくなった時は、ｉＰｈｏｎｅが強みを失いつつある時かもしれません。

　ヤクルトも価格をずっと維持しており、ディスカウントセールの対象にもなりません。実は、中国のある大手スーパーがヤクルト本社に仕入れ価格・販売価格の値下げ要求をしたことに対して、ヤクルト本社が断ったら、その大手スーパーはヤクルトの仕入れをやめたそうです。それでも、ヤクルト本社は値下げ要請を受け入れませんでした。

　しかし、結果的にはその大手スーパーが「今までの価格でいいので、商品の納入を再開してください」と頭を下げてきて、その後商品納入を再開したそうです。結局、お客さんからヤクルトを求める声が大きく、それを無視できなかったそうです。

　このように、ヤクルト本社は値下げ交渉に一切応じない強さがあります。そして、それでも売上を伸ばし続ける力があります。こうしたことが価格維持力です。

　さらにすごいのが東京ディズニーランドです。同施設は日本ではオリエンタルランドが運営していますが、日本の遊園地業界における同社の競争力は圧倒的であり、経済全体がデフレで苦しむ中でも入園料の値上げを繰り返し行ってきました。

③高い売上高経常利益率

　その製品・サービスの強さは、最終的には売上高経常利益率に表れます。売上高経常利益率については25ページでも説明しましたが、一般的には10%以上なら、その会社のビジネスは儲かりやすい強いビジネスだと判断できます。

　ただし、業種やその会社の状態によっても判断基準は異なってきますので、10%という基準は絶対的なものではなくてあくまで一つの目安と考えてください。

　たとえば、高成長期にあって店舗や工場や研究開発などの先行投資を重点的にやっている時には、減価償却費、人員拡大のための費用、研究開発費、宣伝広告費などの販売費・一般管理費がかさんで、営業利益や経常利益が圧迫されてしまうということがあります。

　売上高経常利益率は、そうした一時的な要因も考慮して見ていく必要はあります。詳しくは4章で考えたいと思います。

　なお、減価償却費、販売費・一般管理費などの意味を含めて、財務的な見方についても4章で解説します。

paragraph-3

「会社の強み」は
大きく分けて３種類

その会社の強みは、商品力か、コスト競争力か、あるいは販売力か――。「強み」の内容を少し具体的に考えてみよう。

価値ある商品を低コストで作れば、
大きな利幅が取れる

一口に「独自の強み」といってもいろいろありますが、大きく分けると、**「商品力」「コスト競争力」「販売力」**に分けられます。商品力というのは「他に真似できない価値ある商品を提供できる」という強みのことで、コスト競争力というのは「他に真似できない低コストで商品を提供できる」という強みのこと、「販売力」というのは、文字通り販売する力のことです。

全ての強みを持っていれば、それはかなり優良な成長企業ということになるでしょうが、どれか１つか２つの強みを持っていても、中長期的に成長し続ける会社である可能性があります。

他が真似できないような魅力的な高付加価値商品を提供できるなどの商品力があれば、ある程度高い値段をキープできるでしょうから、それなりに大きな利幅は確保できます。

一方、「コスト競争力」を持つ企業の場合には、他と同じ値段で売っていても大きな利幅を確保できます。それによって資金力が強くなれば、さらにコストを下げるための研究や投資ができますし、高付加価値化を目指す投資も可能になります。優秀な人材も確保できます。

また、値下げ競争をリードすることもできます。競争が激化していくと、コスト競争力の弱い企業からどんどん脱落していき、最後にはコスト競争力の強い企業だけが生き残って、残存者メリットを受けることができます。

理想は、「商品力」と「コスト競争力」の両方を兼ね備えていること

045

です。その場合、低コストで作って高価格で売る、というビジネスが可能になるので、大きな利幅が取れることになります。

「販売力」も立派な強み

「販売力」というのも会社にとって重要な力です。いくら良いものを安く作れても、販売する手段がなければ、売上や利益につながらないからです。店舗網、販売ルート、顧客基盤、知名度、ブランド力、広告宣伝のノウハウなどが販売力となります。

ただし、本当に魅力的な商品を提供できるなら、販売力がなくても、販売力のある会社に販売を委託したり卸したりするという戦略を取ることも可能です。

逆に、販売力だけはあるという場合でも、それは立派な強みになります。良いものを見つけてきて、それを欲しい人たちに届けるというのは、商社、卸業、小売店などの仕事になります。良いものを見つけて仕入れる力、それを販売する力がこれらのビジネスの大切なポイントになります。

この3つの他に、会社には**「経営力」**というのも必要です。経営力とは会社の強みを上手く活用したり、強化したり、という力のことです。どんなに強力な商品を持っていても、経営力がないとあまり収益に結びつかずに業績が停滞してしまうことがあります。逆に、ベンチャー企業のように強みが何もないところから経営者のリーダーシップで強みを作り上げてしまうようなケースもあります。

そうした意味で、強力な経営力があれば、それはその会社にとっての何よりもの強みになります。投資家としては、どんな考え方と能力を持った経営者なのかということについては注目していきたいところですが、この「経営力」については82ページ以降に改めて解説します。

以下のページでは、商品力、コスト競争力、販売力の3つについてもう少し詳しく説明していきます。

paragraph-4

「商品力」を決める
8要素

　3つの「独自の強み」の中でも一番大事なのは「商品力」だが、この「商品力」を決める8つの要素について見ていこう。

商品力はそのままでは衰えていく

　まず、その企業が今現在提供する商品やサービスが「他に真似できないような魅力的なもの」であることが商品力の重要なポイントになります。

　しかし、それだけでは商品力はキープできません。早い遅いの違いはあるものの、商品力はそのままでは落ちていく運命にあります。商品力をキープしてさらに高めていくには、商品を改良したり、新製品を開発し続ける必要がありますし、そのために技術力・開発力が求められます。

　独占契約で商品を仕入れている場合には、まずは、その独占契約関係をキープできるような努力・工夫を続ける必要があります。

　その他、乗り換えコスト、ネットワーク効果、地域独占、ニッチトップ、規制などが商品力や商品価値にかかわってきます。

　この後、これらの項目について詳しく見ていきましょう。

図表 2-2　商品力を決める8つの要素

要素① 他が真似できない魅力的な商品	要素⑥ 地域独占
要素② 高い技術力・開発力	要素⑦ ニッチトップ
要素③ 独自の仕入れルート	要素⑧ 規制
要素④ 高い乗り換えコスト	
要素⑤ ネットワーク効果	

047

paragraph-5

コモディティ化の恐怖

　商品力を決める８要因の他に、商品力にとってネガティブな要因についても考えておく必要がある。それは会社にとっても最大の敵といえる「コモディティ化」という要因だ。

コモディティ化を避けるか、徹底的に戦うか

　コモディティとは、いくつもの企業が提供していてそれらがほとんど差別化できないようなモノのことです。麦や米やトウモロコシなどの基本的な作物、原油、鉄鉱石などの天然資源、鉄やニッケルや銅やアルミなどの素材、鉄鋼、半導体メモリーなどの基本的な工業製品もコモディティといわれることが多いです。

　工業製品やサービスは開発された当初は高付加価値のものだとしても、多くの会社がそれを真似することで、だんだんコモディティ化していきます。コモディティ化するということは、競争が激しく利益が上がりづらくなるということを意味しますので、これは企業にとっては脅威であり、コモディティ化との戦いは、企業の大きなテーマです。

　コモディティ化と戦うには、

- **コモディティ化しない戦略**
- **徹底的にコスト競争力を高めて淘汰を生き残る戦略**

　の２つがあります。

　コモディティ化を避ける戦略を取るには、真似されづらい高付加価値な商品やサービスを開発し、さらにそれを改良したり、さらに新製品を開発するなど、開発力を磨いて発揮し続けることが必要になります。

　コモディティ化を避けられないケースでは、コスト競争力で勝ち残る戦略になります。そのためには、Ｍ＆Ａなどで大規模化して、規模のメリットを発揮することが最も有効です（71ページ参照）。

048

paragraph-**6**

強力な定番商品を持つ会社は、
スランプ期が絶好の投資チャンスに

何十年後にも残っていそうな強力な定番商品を持っている会社は、何かのトラブルなどで低迷した時が絶好の投資チャンスになる。

何十年後も生き残りそうな
定番商品の会社に目をつける

すでに紹介したように、ディズニーのミッキーマウス、サンリオのハローキティ、ヤクルト本社のヤクルトなどは、オンリーワンの高付加価値商品であり、何十年も前から色あせず、今後何十年も続きそうな定番商品といえそうです（もちろん、現時点でそう判断できるということであり、将来のことは保証できませんが……）。

持続性が極めて強固な定番商品を持っている会社は、それだけで磐石といってもいいほどの強みを持つといえるでしょう。ウォーレン・バフェットはこうした企業を**「バカが経営しても成り立つ」**と言い、それが理想的な投資先だと言いました。そして、その典型例として1989年にコカ・コーラに大量の投資をして成功しました。

「バカが経営しても成り立つ」とはいっても、実際にマズい経営が行われると、コカ・コーラのような強力な定番商品を持つ会社でも業績や株価が低迷してしまうことがあります。1970年代のコカ・コーラは、まさに迷走期であり低迷期でした。

とはいっても、魅力的な定番商品は、ある程度の収益をもたらし続けてくれますし、魅力的な人材や経営者を引き付けます。コカ・コーラも低迷が続いた後には、関係者やコカ・コーラ好きな人たちから「我々のコカ・コーラを何とかしよう」という雰囲気が高まり、その後、優秀な経営者によって大復活し、さらにグローバル戦略で大きく業績を飛躍させました。

魅力的な定番商品を持っていれば、一時的に低迷しても、その後復活

できる可能性が高いですし、その際に投資家に大きな投資チャンスをもたらしてくれます。そのような「底力のある企業の復活」に目をつけるのは有力な投資アイデアの一つといえます。

財テクや投資で大失敗した時が絶好の買い場だった

　ヤクルト本社（2267）も1990年代には、バブル期の財テク失敗の整理に追われるという低迷期があったのですが、その後、本業のヤクルト事業に集中して大復活を遂げ、株価も10倍以上になるという投資チャンスをもたらしました。

　サンリオ（8136）も2000年前後のＩＴバブル時にＩＴ株などによる資産運用に乗り出しましたが大失敗して、数年間低迷が続きました。しかし、その後はハローキティをはじめとした人気キャラクターを手掛ける本業に集中して業績を復活させ、2009年から2013年にかけて営業利益3倍強、株価を9倍近くと大復活しました。

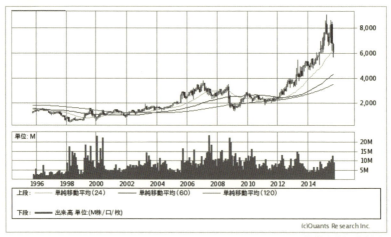

図表2-3　ヤクルト本社（2267）の月足チャート（1995〜2015年）

ＳＢＩ証券サイト画面より

図表 2-4 サンリオ（8136）の月足チャート（2005～2015年）

ＳＢＩ証券サイト画面より

paragraph-7

「顧客志向」が強く「開発意欲」の高い会社は中長期で伸びる

開発力と開発意欲は会社の成長に欠かせない要素だ。それを見極めるポイントを事例とともに探ってみよう。

ウォルト・ディズニーはチャレンジの繰り返しで成長した

他が真似できない魅力的な商品を持っていることは、その会社の大きな強みになりますが、何の努力もしなければ、時代の変化とともに商品力は落ちてしまいます。強力な定番商品を持つ企業でさえ、成長を続けるためには時代に合わせて改良したり、関連する新商品・新サービスを開発したりしていく必要があります。

たとえば、ウォルト・ディズニーはミッキーマウスなどの強力なキャラクターを生み出したところでとどまらず、世界初の長編アニメ、世界初の長編カラーアニメ、ディズニーランドなどの開発を行って今の繁栄に至っています。どれも当時としては誰もやったことのない壮大なチャレンジでしたが、顧客のためにそれを実現したいという強烈な顧客志向と開発志向がそれを実現させました。

ヤクルト本社の場合にも、ヤクルトを中心に様々な飲料を開発し、さらに乳酸菌に関する技術を元にして医薬品の開発なども行って中核事業の一つにしています

開発力を判断するポイント

実際には、開発力が優れた会社かどうかの判断はなかなか難しいところですが、顧客の立場から、

・優れた商品やサービスがどんどん開発されているか
・経営者をはじめ開発への意欲やこだわりが高いと感じられるか

という点を考えてみるといいでしょう。

消費者向けの商品・サービスを提供する会社なら、こうした観点でおおむね判断できると思います。

セブン‐イレブンとユニクロの開発力

最近は、消費者の嗜好の変化も速く、強力な定番商品以外の人気の持続性もだいぶ短くなっているようです。

セブン‐イレブンの育ての親で、セブン＆アイ・ホールディングス（3382）会長の鈴木敏文氏は82歳になる今（2015年現在）でも商品開発の陣頭指揮をとっていますが、消費者の嗜好の変化の速さが増していることから、最近の消費者の嗜好を「ペンシル型」と表現しています。ピークが来てもあっという間にそれが過ぎてしまうことを表しています。

そのため、セブン‐イレブンでは新商品が当たっても、ヒットしている最中に、すでに品質改良や新製品開発をしていくのだそうです。セブン＆アイ・ホールディングスは、セブン‐イレブンなどの店舗運営の会社ですから食べ物や飲み物や日用品を開発するための技術はありませんが、「こういうものを作りたい」という企画力があり、必要な技術は食品メーカーや日用品メーカーに協力してもらい商品開発を実現します。

ユニクロを展開するファーストリテイリング（9983）も、保温性のあるシャツ「ヒートテック」や、とても軽くて保温性のある「ウルトラライトダウン」などたくさんのヒット商品を生み出してきましたが、必要な技術は素材メーカーなどに協力を仰いでいます。

両社に共通するのは、お客さんに喜ばれるような品質や機能や価格に徹底的にこだわって、妥協のない開発姿勢を持っていることです。

セブン‐イレブンは素材から徹底的にこだわって、おいしいパンやおでんを作ったり、おいしい淹れたてコーヒーを提供するためのベンダーを機械メーカーと共同開発したりしています。

ファーストリテイリングは求める品質を実現するために、素材メーカーの東レと数年かけて素材から研究開発したりしています。

今後も両社の開発力が保証されているわけではありませんが、このような開発へのこだわりと、実際にヒット商品が出続けるということが確認できれば、両社の開発力の高さは維持されていると判断できます。

図表2-5　セブン＆アイ・ホールディングス（3382）の月足チャートと業績推移

SBI証券サイト画面より

売上高　　3.9兆円（2006年2月期）　→　　6.2兆円（2016年2月期予想）
営業利益　2449億円（2006年2月期）　→　3670億円（2016年2月期予想）

図表2-6　ファーストリテイリング（9983）の月足チャートと業績推移

SBI証券サイト画面より

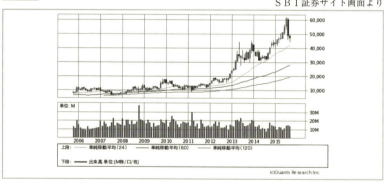

売上高　　3840億円（2005年8月期）　→　1兆6818億円（2015年8月期）
営業利益　　567億円（2005年8月期）　→　　1645億円（2015年8月期）

paragraph-8

アナログで複雑な技術は
キャッチアップされづらい

　日本の総合電機メーカーはなぜダメになってしまったのか。復活の可能性はないのか。今後日本で有望な業種は何か――。

総合電機メーカーの敗因

　日本の総合電機メーカーの多くは、1950年代から90年代くらいまで大きな成長を遂げて、90年代にもまだ優位性を保つところが多かったです。しかし、2000年以降はアメリカ勢や韓国・台湾勢に大きく後塵を拝するようになってしまいました。どうしてそうなってしまったのでしょうか？

　その背景には、成長を強力にリードしてきたカリスマ的な経営者がいなくなり、組織が大規模化し官僚的になってしまったことがあります。優秀な若手社員にとっては風通しが悪く、なかなか思うようにチャレンジできないことから優秀な人ほど辞めていってしまう、ということが結構あったようです。

　デジタル化の流れも重要な要因として挙げられます。デジタル技術は模倣されやすく、コモディティ化が早いという特徴があります。コモディティ化した製品は、安い生産コストで大量生産したところが有利になります。そのため、韓国のサムスン電子や台湾のホンハイなど大規模化したアジア企業が優位なポジションを得るようになりました。

　グローバル化の流れも重要です。サムスンは、おひざ元の韓国市場が小さいために積極的に世界展開を図ったことがグローバル化の波に乗れる要因になった面があったといわれています。

　デジタル化とグローバル化は、全てのプロセスを一社で行う垂直統合のビジネスモデルよりも、得意なプロセスに特化する水平分業のビジネスモデルを有利にした、という面もあります。

　台湾のホンハイは、製造委託に特化するというビジネスモデルで成功

し、とにかく大規模化して規模のメリットを生かしました。

　逆にアップルなどは、部品はアジア企業から仕入れ、製造はホンハイなどに委託し、自らはひたすら製品の企画・開発と販売戦略に特化するという戦略で成功しました。

　また、グーグルはＩＴ機器上のソフトウェアやサービスに特化して、アップルと並ぶＩＴの覇権企業の座を得ました。

　それに対して日本の総合電機メーカーは、技術力は高いといわれながら、リーダーシップの欠如、組織的な問題を抱えて、デジタル化の流れとグローバル化の流れに乗れず、優秀な人材を海外勢に流出させることで弱体化してしまいました。

アナログで複雑な業種は今後も有望

　一方、アナログ的で複雑な技術は模倣されづらい傾向があるようです。化学、医薬品、機械、建設機械、鉄道システム、飛行機、プラントなどはそれに該当します。機器類でも、湯沸かし器やエアコンなどアナログ技術をメインにした複雑なメカニズムのものは模倣されづらいようです。

　こうした分野は、技術をブラックボックス化しやすく、そうした中で技術蓄積が進むため、経済のグローバル化が進む中でも先進国の優位性が保たれる傾向があります。

　日本の産業でも、ＧＤＰに占める化学セクターの占める割合が趨勢的に増加傾向にあるようです。

　機械やロボットでも日本は世界的に優位性を保ち、ファナック（6954）や安川電機（6506）などは高シェアを保っています。

　建設機械も、コマツ（6301）はアメリカのキャタピラなどとともに高シェアを維持し、日立製作所（6501）をはじめ日本勢は鉄道システムの輸出で攻勢をかけています。

　飛行機は欧米勢が強いですが、主要部品は日本勢が強く、エネルギーや化学などのプラントなども欧米や日本などの先進国が強みを維持しています。

機器類では、リンナイ（5947）の高効率湯沸かし器は、世界中から引き合いが続き、ダイキン工業（6367）のエアコンは世界首位の座を得ました。

電機の分野でも、日本は半導体を除く電子部品・電子材料の分野では

図表 2-7　リンナイ（5947）の月足チャートと業績推移

SBI証券サイト画面より

売上高　　2129億円（2006年3月期）　→　3180億円（2016年3月期予想）
営業利益　　103億円（2006年3月期）　→　　340億円（2016年3月期予想）

図表 2-8　ダイキン工業（6367）の月足チャートと業績推移

SBI証券サイト画面より

売上高　　7929億円（2006年3月期）　→　2兆600億円（2016年3月期予想）
営業利益　　671億円（2006年3月期）　→　　2120億円（2016年3月期予想）

優位性をキープしています。それは、素材や化学などの技術がベースになっていることが多く、結構アナログで複雑でブラックボックス化できる分野であるからと思われます。

弱体化した日本の総合電機メーカーも、技術的な蓄積はまだまだあるので、何が自分たちの強みか、どのようにしたら優秀な技術者が生き生き研究開発に没頭して面白い製品を生み出していけるのかを見つめ直すことで復活する可能性もあると思います。

日立製作所などは、すでに社会インフラに力を入れる形で復活しつつありますが、それに続く復活銘柄が出てくることを期待してみたいところです。

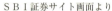

図表2-9 日立製作所（6501）の月足チャートと業績推移

SBI証券サイト画面より

売上高　　　　9.5兆円（2006年3月期）　→　10兆円（2016年3月期予想）
税引き前利益　2749億円（2006年3月期）　→　6000億円（2016年3月期予想）

paragraph-9
独占的調達・独占的ライセンス契約を維持できるか

　独占的調達契約や独占的ライセンス契約を強みにしているケースでは、その相手先から契約を切られたり、独占でなくなるリスクがないのかを検討しよう。

独占契約が解除・変更された2例

　三陽商会（8011）は、世界的なブランドであるイギリスのバーバリー社から日本国内におけるバーバリーブランドでの洋服の企画・製造・販売について独占的なライセンス契約を得て、長年収益の柱としていました。しかし、2014年にその契約が打ち切られて業績的に大打撃を受けました。このように独占的な仕入れやライセンス契約については、相手先との関係を大きなリスク要因として考えないといけません。

　まず、その契約は、いつまでの期間か確認する必要があります。
　次に、契約は更新される可能性は高いのかということを考える必要が

図表2-10　三陽商会（8011）の月足チャート

ＳＢＩ証券サイト画面より

あります。独占的な契約が更新されるのか、それとも契約は更新される
が独占的ではなく、複数の会社と契約する形にならないか。そうなれば
競争が激しくなり利幅が減るでしょうから、大きな打撃になることが考
えられます。

　ソフトバンクグループ（9984）はｉＰｈｏｎｅ販売で当初独占的な仕
入れ契約を結び、そこから数年でこのｉＰｈｏｎｅという商材を起爆剤
として大きく契約件数を伸ばし、携帯電話通信会社として上位2社に肉
薄しました。
　しかし、その後ｉＰｈｏｎｅはａｕ、ＮＴＴドコモとも順次契約して
いきソフトバンクの独占状態が崩れました。それによって契約件数増加
の勢いは徐々に鈍っていきました。
　ただし、このケースについては、当初から時間差をおいて最終的に3
社と契約することはある程度予想されていましたので、ショックとして
はそれほど大きくなかったと思われます。
　また、ソフトバンクとしては先行してｉＰｈｏｎｅを発売できたこと
で新規契約者を大幅に取り込むことができたという点で、大きなメリッ
トを得たことのプラスが大きかったといえそうです。

壮大な計画のもとで得た
フルッタフルッタの独占契約

　フルッタフルッタ（2586）はアマゾンフルーツを輸入して、それをジ
ュースとして加工して販売したり、飲食店に卸したりする事業をしてい
ます。
　アマゾンフルーツはポリフェノール、食物繊維、カルシウム、鉄分な
どの栄養価がものすごく高いことが特徴ですが、フルッタフルッタはブ
ラジルのアマゾンフルーツ生産地のトメアス総合農業協同組合から独占
的に仕入れる契約を取り付けており、そのことが同社の強みになってい
ます。ただし、独占仕入れ契約は5年ごとの更新となっており、契約終

060

了後に契約更新がなされなかったり、独占的な契約形態が見直されるリスクもあります。

　フルッタフルッタは、アマゾンフルーツの中でまずアサイーを日本で売り出して売上を大きく伸ばしてきました。このアサイーを皮切りに栄養価が高い様々なアマゾンフルーツを順次販売拡大していく計画です。

　実は、アマゾンフルーツは、アグロフォレストリー（森をつくる農業）という農法で栽培されています。アグロフォレストリーとは、アグリカルチャー（農業）とフォレストリー（林業）から成る合成語です。これは、日本からブラジルに移民した農民の人たちが何十年もかけて開発した農法で、数十種類のフルーツや樹木を植えていくことで森を再生させていくことができる農法です。

　フルッタフルッタは、この農法を世界中に広めて熱帯の森林を再生させていくという考えを持っており、そのためにもアマゾンフルーツを世界中に販売してその活動を助けたいというビジョンが根底にあります。

　そうしたビジョンに賛同して、トメアス総合農業協同組合は、フルッタフルッタに独占的にアマゾンフルーツを供給する契約を結んだという

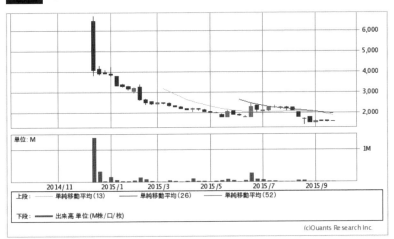

図表2-11　フルッタフルッタ（2586）の月足チャート

ＳＢＩ証券サイト画面より

経緯があり、両社にメリットのあるＷＩＮ－ＷＩＮの関係にもあるので、独占的な契約は継続され続けるだろうと同社は見込んでいます。

実際に、アグロフォレストリーを普及させて世界の森林を再生させたいという同社の考え方に賛同する大手メーカーも現れています。

たとえば、明治はチョコレートの原料であるカカオの一部をフルッタフルッタから仕入れる契約をして、アグロフォレストリーを支援する姿勢を消費者にもアピールしています。

この活動の実績が上がり続ける限り、フルッタフルッタはトメアス総合農業協同組合と良好な関係が続く可能性があるのかもしれません。

paragraph-10

「乗り換えコストの高さ」で
顧客を囲い込む

乗り換えにコスト、手間暇、リスクが伴うと、顧客は乗り換えをためらう。この乗り換えコストが顧客を引き留め、商品価値を上げる。

金融サービス、業務システム、
医療関連などは乗り換えコストが高い

乗り換えコストとは、他の製品やサービスに乗り越える時にかかる費用や労力やリスクなど様々なコストのことです。この乗り換えコストが高いと、一旦獲得した顧客を囲い込む強力な武器になります。

身近な例では、クレジットカード、生命保険など金融サービス全般は乗り換えコストの高い傾向があります。

クレジットカードは、公共料金をはじめとして様々な料金の引き落としをしていますし、利用するにしたがって利用枠も広がります。また、ポイントもたまります。こうしたことを考えると、他のクレジットカードに乗り換える時の手続き的な負担や経済的ロス、利便性低下が大きくなり、それらの全てが「乗り換えコスト」として利用者に意識されます。

企業向けの業務用のコンピューターシステムも乗り換えコストが大きいものの代表です。一度どこかの業者の業務用システムを導入して稼働し始めると、それを別の会社のものに乗り換えるのは、かなりの手間暇とコストがかかりますし、乗り換え時やその直後にトラブルが起きるリスクも高まりますので、なかなか乗り換えづらいところです。

医療用の機器・器具類についても、安全性・信頼性が最優先されますので、長年の実績があり使い慣れているものから、新しい別の会社のものに乗り換えるのはリスクがあり、なかなか踏み切りづらいと考えられます。

063

paragraph-11

「ネットワーク効果」を得た企業は爆発的成長も

会社でも人でも、多くの人や情報を結びつけるネットワークの要としての存在になれば、それは大きな強みになる。

ネットワークは早く築いた者勝ち

ネットワーク効果というのは、その製品やサービスの利用者数が多いことが強みになるという効果のことです。ネットワーク外部性ともいいます。

このネットワーク効果は、一度獲得してしまうと後発の事業者がそれをひっくり返すのは相当難しいです。そうした意味で「早い者勝ち」といえるものでもあります。

ヤフー（4689）や楽天（4755）など、インターネットビジネスの様々なサービスは、その代表です。両者ともに、多くのコンテンツや商品の提供者と、それを求めるユーザーが集まる場になっていて、それが両者の最大の強みになっています。オークションでモノを売るにも買うにも、多くの人はヤフーオークションを利用しています。それはすでに、多くの出品者と購入者が集まる場となっており、そこに行けばオークションでモノを買うにも売るにも便利だからです。

楽天は、インターネット上のショッピングモールで、多くの業者が出店していますし、多くの買い物客がそこを訪れています。ネット上で出店するにも、買い物するにもそこが便利な場になっています。

第1章で紹介したクックパッドも、ネットワーク効果を獲得して強みにしている企業の代表です。クックパッドは、レシピの投稿者と閲覧者が圧倒的に多く集まる場になっています。ヤフーのような有力なインターネット企業が参入しても全く歯が立たず、撤退したという経緯があります。ネットワーク効果というのは、築いてしまうとそれだけ強力だと

いうことです。

インターネットビジネス以外では、日本Ｍ＆Ａセンター（2127）がネットワーク効果を強みとする代表例です。日本Ｍ＆Ａセンターは、後継ぎがいない中小企業と、技術やノウハウがある中小企業を買収したい企業とを結びつけてＭ＆Ａを成立させるためのコンサルティング業務の会社です。同社には、全国の税理士さんや銀行などから、会社を売りたいという情報と会社を買いたいという情報が集まってきます。会社を売りたい人と、会社を買収したい会社は、日本Ｍ＆Ａセンターに行けば豊富な情報ネットワークがあるので良い相手に巡り合えるだろうと思い、同社に相談に行くわけです。

このようにインターネット関連ビジネスなど、ネットワークがものを言うビジネスの場合、早くネットワークを築いてしまった会社が圧倒的に優位になる性質があるので、まずは利益よりもネットワーク作りに力を入れるのが合理的な経営戦略になります。

ある分野でネットワーク作りに成功した会社は、初期段階では利益が出ていなくても、ひとたび収益化に舵を切り始めると、爆発的に収益が伸びる傾向があります。

ですから、利益が出ていない段階での投資判断は難しいですが、ネットワーク効果を獲得しつつある会社には大きな投資チャンスがあるかもしれないと注目してみましょう。

paragraph-12

「地域独占」の会社は
地道に稼ぎ続ける

　地元に欠かせない企業には、収益力が強固なのに、地味ゆえに割安に放置されている掘り出し物の銘柄が多いようだ。

地域に欠かせない会社を探そう

　地域独占とは、一定の地域で独占的な状態を築くことです。

　その典型例は、鉄道です。鉄道沿線は住宅地、商業地、オフィス街などが繁栄していますし、多くの人が鉄道を頼りに生活しています。

　しかし、ライバルがその鉄道と並行して別の鉄道を敷設して運行するということは不可能です。それだけの敷地を確保するのは困難ですし、かりに莫大な資金を投じて鉄道を作っても、乗降客を分け合う形になって、どちらの鉄道も経営が厳しく共倒れし、新規参入者としてもとても割に合うチャレンジではないでしょう。

　そうしたことから、一つの鉄道沿線のエリアには、ライバルが進出するということはほぼ不可能であり、既存の鉄道が半永久的に独占状態を保つことが考えられます。

　鉄道各社は、その地域独占という有利な立場を利用して、沿線開発や、駅ビルでの商業施設の開発など、関連ビジネスへも有利な展開を図っています。

　その他、地域に密着したコミュニティ誌は、その地域ならではの情報媒体として欠かせない存在になっているケースが多いです。その地域の人が地域の情報を得ることはもちろん、地域の美容院や飲食店など小規模経営の会社や店舗の広告媒体、求人媒体として機能しているケースが多いです。上場企業の中では、千葉県八千代市を中心にしたエリアで展開する地域新聞社（2164）、東京都多摩市や町田市で展開するタウンニュース社（2481）などがあります。

paragraph-13

「ニッチトップ」は
優良な小型成長株の宝庫

　日本には世界にも通用するような優良なニッチトップ企業がたくさん存在する。それはまさに小型成長株の宝庫だ。

大手が攻めてこない
ニッチのトップ企業を狙おう

　ニッチトップとは、ニッチ分野（狭い分野）でトップシェアを持つということです。

　ニッチ分野というのは、その業界の大手が手を出しづらいです。特に、長年の技術・ノウハウの蓄積が必要な場合には、大手企業としては労力の割に得られるものが少ないからです。

　そのため、長年の技術・ノウハウの蓄積によってニッチ分野で圧倒的なシェアを握っている会社というのは収益の持続性がかなり高いと考えられます。

　実際に、売上高経常利益率と自己資本比率が高く、現預金など金融資産が豊富なキャッシュリッチ企業も多いです。

　しかし、地味な存在ゆえか、その割に株価が割安に放置されているケースも多いようです。

　図表2－12にはニッチトップ企業の例を数社載せましたが、これを手始めにニッチトップ企業をいろいろと研究してみましょう。

図表 2-12 ニッチ分野のトップシェア企業

2815	アリアケジャパン	鶏、豚由来の天然調味料で国内シェア約5割。ダシやブイヨンなど味のベースとなる調味料を大手食品メーカーや外食チェーンに販売。味の再現力、メニューの提案力などが高く、「外食コンサルタント」のような役割を果たしている。
4540	ツムラ	国内の医療用漢方薬で8割以上のシェア。高齢化社会を迎えて需要が高まる期待感もある。
4765	モーニングスター	投資信託の評価で独壇場。投資信託が日本でもアメリカのように市民権を得られれば、ビジネスチャンスが広がる可能性も。
4842	USEN	全国展開の有線放送事業で国内シェア約6割。店舗で流すBGMは著作権処理などが複雑であるため、同社のような専門業者に編集や権利処理を任せるのが合理的。
6279	瑞光	紙おむつ製造機で国内シェア約8割。海外シェアは増加中で2割以上に。
6405	鈴茂器工	寿司ロボットで国内シェア約6割。日本食の拡大で世界的にも拡販中。ご飯をいかにすばやく綺麗に成形し、ネバつき、汚れ、匂いの対策も施すかという点での長年のノウハウの蓄積が強み。
7408	ジャムコ	飛行機のトイレで世界シェア約5割、厨房で3割。飛行機内という特殊な状況でも使いやすくするためのノウハウの蓄積が強み。
7817	パラマウントベッド	医療用・介護用ベッドで国内シェア約7割。看護・介護しやすい機能性、安全性、静謐性など特殊な技術とノウハウの蓄積が強み。
7839	SHOEI	平均4万円前後の高級ヘルメットで世界シェア約6割。海外売上が7割を超す。衝撃吸収性能の高さで世界的に販売伸びる。
8715	アニコム	ペット保険で国内シェア約6割。加入者に、ペットの種類・年齢ごとに疾病やケガの対策をきめ細かく情報提供するなど、独自のデータベースに基づく独自のサービスが強み。ニッチ分野から保険業でイノベーションを起こすことを狙っている。

paragraph-14

「規制」に守られた業種、「規制緩和」で伸びる業種

　規制は企業を競争から守り価格を高く維持する要素になる。また、規制がひとたび崩れると、新たな勢力が伸びてくる。いろいろな意味で注目されるポイントだ。

規制で守られる業種

　産業廃棄物処理場などは世の中に必要なものですが、勝手に作ることは禁じられていて、建設するには認可が必要です。ですから、すでに建設して所有している会社にとっては、既得権益になります。全国中に産業廃棄物処理場を持っていれば、それはその会社にとって大きな強みになります。

　待機児童問題などもあり保育園のニーズも高いですが、これも勝手に作ることはできません。地方自治体からの認可が必要です。

　保育園は2000年に株式会社による運営が解禁されましたが、実績がないとなかなか認可を下してもらうことは難しいです。

　保育園運営最大手のJPホールディングス（2749）は、規制緩和の波に乗って急成長中の会社ですが、参入初期の段階では実績のなさというハードルを乗り越えるのが大変でした。

　しかし、ひと度たくさんの施設を作ってしまえば、それは逆に既得権益ともいえる強みになります。

　JPホールディングスは、子会社の日本保育サービスがすでに200ほどの保育園を開設していますが（2015年7月末現在）、一つ一つの施設は許認可を取りながら開設していて、その積み重ねによる約200施設なので、それはかなり参入障壁として価値のある経営資源といえると思います。

図表 2-13 ＪＰホールディングス（2749）の月足チャート

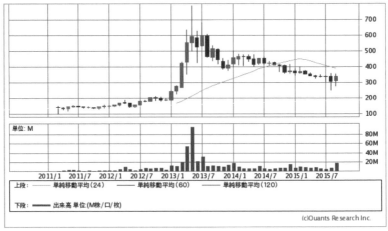

ＳＢＩ証券サイト画面より

電力自由化で様々な成長企業が出てくる可能性も

　長年、電力業界は規制により東京電力や関西電力などが地域独占してきました。

　しかし、この地域独占は法律改正によって崩れる可能性が出てきました。2016年から送電事業と売電事業が分離された上で、売電事業が完全自由化されることになったからです。それによって発電事業や売電事業には、様々な新規参入も予想され、競争が起きることで利用者としては様々なサービスや料金プランなどについて選択肢が増えてくることが期待できます。それは既存の電力会社にとっては脅威ですが、様々なビジネスチャンスが生まれそうです。

　規制緩和があると必ずといっていいほどその分野は成長し、そこから成長企業が出てくるので、投資家としてもぜひ注目したいところです。

paragraph-**15**

「コスト競争力」が
モノを言う業種

どんなビジネスでもコスト競争力は重要だが、特にコモディティのビジネスではそれが勝敗を分ける決定的要因になる。

長年の積み重ね、技術革新、
規模のメリットは強い

コスト競争力は、安いコストで製品・サービスを提供できる力です。

そして、コスト競争力は、

- **業務の効率化**
- **技術革新**
- **設備投資（業務の機械化やコンピュータ化）**
- **有利な仕入れルート**
- **規模のメリット**

などによってもたらされます。

長年の積み重ねで得られた業務の効率化は、なかなか他社には真似できず、結構大きな差をもたらす要因となることがあります。

安く作る技術的な革新があった場合も、他社と大きな差をもたらす可能性がありますし、大きな要因といえるでしょう。

機械やコンピュータを導入する設備投資というのは、他社も導入すればすぐに追いつかれてしまいます。

ただし、業務を効率化させるために、長年かけてその会社仕様に開発された機械やコンピューターシステムを持つ場合には、それは他社と大きな差になる可能性があります。

有利な仕入れルートもなんらかの理由でガッチリ押さえているなら、それは大きな強みになります。

071

規模のメリットは、会社の規模の大きさによってもたらされるものですが、これはコモディティを扱う業界では、かなり決定的な要因になります。

　規模が大きければ、仕入れる時には仕入れ先に対して交渉力を発揮できます。また、宣伝、研究開発、人材採用、人材育成などに多くの費用をかけて、知名度、技術・ノウハウ、人材の質をさらに高めることができます。

　たとえば、スマートフォンの業界では、サムスン電子とアップルの2社のシェアが突出していますが、この両者は部品の買い付け、研究開発、広告宣伝などで他の会社に大きな差をつけ続けています。

仕入れルートと業務効率化で超低価格を実現したジェイアイエヌ

　ジェイアイエヌ（3046）は、「薄型平面レンズとフレームのセットで4990円」という価格を打ち出したことで躍進しましたが、それまでは同様の商品が2万～3万円、価格破壊と騒がれた店で1万円程度（薄型でないレンズなら5千円程度）でしたので、それがいかに画期的な価格だったかわかります。

　ジェイアイエヌがこの価格をどう実現したのかというと、まず、当時様々な問屋などが間に入って複雑な仕入れの仕組みになっていたレンズを、メーカーに直接交渉して大量に仕入れることを条件に安く直接卸してもらうことに成功しました。

　もう一つ、同社はメガネ会社としての業務の全ての工程を細かく書き出し、そこから徹底的にムダを省き、3分の1にまで効率化するという「ワンサード計画」を実行してやり遂げました。

　このような業界の慣行に果敢に切り込んだことと、地道な業務効率化の作業を重ねたことで、他社が真似できないようなコスト競争力をつけたということがいえます。

デジカメ生産を完全自動化する
キヤノンの革新

　キヤノン（7751）は、2018年をメドにデジタルカメラの生産を完全自動化することを明らかにしました。カメラなどの精密機械はもともと人間の手作業でないと無理だといわれた工程がたくさんありました。

　しかし、キヤノンはそれでもカメラ生産の自動化に積極的で、中核のレンズの自動生産に2013年に業界で初めて成功しました。そして、そうした自動生産を一段と推し進めて、全ての工程を自動生産化するということです。

　完全自動化によってデジタルカメラの生産にかかわる従業員を5200人削減することが可能になりました。この人員は、より高度な作業で生かすということです。そして、デジタルカメラの生産コストは20％も減らせる見通しだということです。

　キヤノンは2015年時点でデジタルカメラのシェアトップですが、これだけ革新的なコスト削減を行うことで、その競争力は一段とアップする可能性が考えられます。

図表2-14 キヤノン（7751）の月足チャート

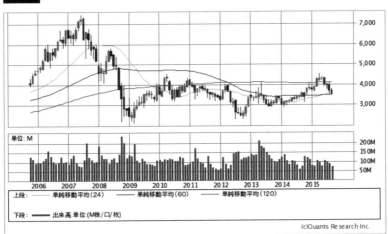

ＳＢＩ証券サイト画面より

paragraph-16

「残存者メリット」銘柄を狙おう

激しい競争は企業の収益を削り取る。しかし、激しい競争を勝ち抜いた企業には「残存者メリット」という大きなご褒美が与えられる。

コスト競争を勝ち抜いた残存者メリット銘柄は有望

コモディティ化した業界で勝ち残るには、買収戦略なども使いながら規模のメリットを追求して、淘汰を生き抜いて最終的に残存者メリットを受けるという戦略が有効です。

たとえば、1980年代にはカラオケビジネスが大きく拡大しましたが、個人でも場所と機材を確保すれば、カラオケボックスが営業できてすぐに儲けることができたので、どんどん新規参入が起こりました。

しかし、その後カラオケ人口が頭打ちになると激しい価格競争に突入し、力のない会社や店舗はどんどん淘汰されていきました。

そうした中で、最後には効率の良い運営ノウハウを蓄積した大手カラオケチェーン数社が生き残り、残存者メリットを受けました。第一興商（7458）、コシダカホールディングス（2157）などがその代表です。

これらの企業は規模のメリットを軸にして、仕入れや宣伝広告などを効率的に行い、店舗運営などの業務効率を徹底的に追求し、中小のカラオケ店を圧倒していきました。

その中で「カラオケ本舗まねきねこ」を運営するコシダカは、つぶれたカラオケ店を買収しては居抜き出店する（使える設備をそのまま使いながら低価格で出店する）という戦略で、売上高と利益を大きく伸ばしました。

さらに、カラオケビジネスで稼いだ資金とノウハウを元に、低価格フィットネス「カーブス」を全国展開して成功することで業績を飛躍的に伸ばしました。

図表 2-15 第一興商（7458）の月足チャート

ＳＢＩ証券サイト画面より

図表 2-16 コシダカホールディングス（2157）の月足チャート

ＳＢＩ証券サイト画面より

paragraph-17

「販売力」も
重要な強み

　商品価値やコスト競争力とはまた別のポイントだが、販売力というのもとても重要な強みとなる。では、販売力とは具体的にどのような力なのか。

必須じゃないけど、あれば強力な武器になる

　販売力とは具体的には、
- **広告宣伝、店作り、接客を含めた販売のノウハウを持つ**
- **販売ルート、販売拠点、顧客基盤を持つ**
- **優秀な営業部隊を持つ**
- **ブランド力がある**

などです。

　どんなに良いものを開発しても、販売戦略で失敗してそれが売れないまま埋もれてしまう……ということは世の中にたくさん存在します。特に嗜好品であればその傾向が強いです。

　販売力があることで客とのコミュニケーションが豊富に行われれば、そこから得られる顧客データそのものが価値を持ちます。たとえば、それを商品開発に生かすこともできます。

　販売力がなくても商品力などがあれば、販売に関しては代理店などに委託することもできます。そうした意味で「販売力」は必須ではありませんが、それがあればその会社にとっては重要な強みになります。

　また、小売業や販売代理店などは、「販売力」そのものがその会社の中核的な「強み」になります。

paragraph-**18**

「売上拡大余地」の考え方

商品力とコスト競争力という「独自の強み」があり、あと「売上拡大余地」があれば、成長性の持続性は高いと判断できる。では、「売上拡大余地」はどう考えたらいいのだろうか——。

1000店舗＆1000億円がターゲット

売上拡大余地は、大きく分けると、まず国内でどれだけ拡大できるか、次に海外で拡大できるか、というふうに考えられます。

その際、トップ企業などの売上高や経常利益の規模が一つの参考になると思います。

小売店や外食などの店舗展開している業種では、全国的なチェーンとしての成功イメージは「1000店舗、売上高1000億円、時価総額1000億円」というところだろうと思います。

全国には約3000のショッピングセンターがあり、平均テナント数は約50です。この3分の1に出店すれば店舗数1000となります。

また、業種によっても異なりますが、人気店の売上規模は、小売り・外食ともにだいたい1店舗1億円くらいがメドになります。そして、売上高経常利益率5～10％程度を取れれば、「1000店舗、売上高1000億円、時価総額1000億円」に近いレベルが実現できると思われます。

こうした水準になる前の段階としては、100店舗、200店舗、300店舗、500店舗が大きなターゲットとなります。

上場企業で成長性の高い企業の場合、だいたい店舗数100～200くらい、売上高100億～200億円くらいの時に成長に向けた戦略や体制が整い、成長トレンドがかなり明確になってくることが多いです。個人投資家としてはそのあたりが一番投資しやすいタイミングではないかと思われます。

海外展開が軌道に乗るのは５年くらいかかる

　日本でビジネスを磨いて成功した会社が、海外に出て飛躍するというのは、投資家にとってはとても魅力的なストーリーですし、そうした流れに乗れれば大きな投資パフォーマンスが狙えます。

　しかし、こうした事例は13ページのユニ・チャームの話の中で紹介しましたが、なかなか大きな障壁があることも事実です。ユニ・チャームやファーストリテイリング、セブン–イレブンなど日本を代表する優良企業をもってしても、海外事業が成長軌道に乗るのには５年前後の試行錯誤の期間を要するのが普通です。その間には失敗もして、一時的に業績が悪化することも多々あります。

　しかし、高い商品力を持つ優れた企業なら、時間をかければ海外展開で成功する可能性は高いですし、その場合には試行錯誤している期間が投資チャンスになるケースが多いです。

　そして、実力企業がひとたび海外展開を軌道に乗せれば、日本の何十倍も成長余地を手に入れることになりますので、投資家としては見逃せない収益機会となります。

海外との比較で成長余地を考える

　海外の後を追いかけるように国内で普及する場合には、拡大余地が比較的簡単に計算できます。

　たとえば、ペット保険が急速に伸びていますが、2014年時点での普及率は５％程度です。それに対して、ペット保険先進国のイギリスでは、ペットの犬と猫の保険加入率は45％ほどとなっています。

　ここ数年日本でも、新しく飼いはじめられたペットの保険加入率はイギリス並みかそれ以上に高まっており、このペースのままいけば今後、日本のペット保険加入率がイギリス並みになる可能性は高そうです。となると、ペット保険の可能な市場規模は2014年の時点で10倍近くあるということになります。

こうした成長余地の大きさが期待されて、ペット保険で6割近いシェアを握るアニコムホールディングス（8715）が2015年時点では上昇トレンドが続いています。

図表 2-17　アニコムホールディングス（8715）の月足チャート

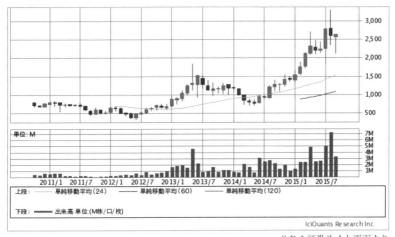

ＳＢＩ証券サイト画面より

paragraph-19

「経営資源」×「経営者」で考える 会社の４分類

　会社の強み＝経営資源の良さを生かすも殺すも経営者次第。「経営資源」と「経営者」の組み合わせによる４つのパターンの投資を考えてみる。

良い経営資源×良い経営者の 「優良株」が本命

　経営者の仕事というのは、経営資源（人・モノ・カネ・情報等）の中から会社の核となる強みを見極めて、それを活用して業績を伸ばしたり、今後の進むべき方向性を決めていくことです。

　独自の強みがあり、それを経営者の強力なリーダーシップで生かせば、それは相当に持続性の高い成長性が期待できることになりますし、それこそ投資家が狙うべき典型的な優良株ということになります。

「復活株」で数倍増も夢じゃない

　本来良い経営資源、独自の強みを持っているのに、それがマズい経営によって生かされずに低迷が続くというケースがあります。

　しかし、潜在的に強みを持っている企業というのは、その潜在性に惹かれて新たな経営者が引き付けられるものです。

　独自の強みを持ちながら、それが生かされず低迷している企業に優秀な経営者が就任して経営改革すれば、それは大きく復活する可能性があります。株価としては数倍、あるいは数十倍になるケースもあります。そうしたケースはできるだけ逃さないようにしたいものです。

「衰退株」は避けるべき

　経営資源が劣化して「独自の強み」がなく、衰退傾向の会社への投資は原則として避けた方がいいでしょう。

　単に「経営資源がない」だけならいいのですが、今持っている設備や人員などがそれを維持するだけで赤字垂れ流しとなるような「重荷」になっている場合には、どんな優秀な経営者が来ても復活は難しいといえます。

　このように、経営資源が重荷になっているような「衰退企業」は、どんなに指標的に割安に見えても、投資するにはリスクが高いと思われます。

「ベンチャー株」は経営者の
アイデアと能力次第

　ベンチャー企業は経営資源がほとんどなく、経営者次第でその後の成長の度合いが決まります。

　ただ、経営資源がない代わりになんのしがらみもないので、従来にない画期的なビジネスモデルや経営スタイルを作ることができて、それが当たれば何十倍、何百倍という成長を遂げる可能性もあります。

　全ては経営者のアイデアと能力にかかっていますので、投資家としては経営者の見極めが大切になってきます。

　ということで、次項では経営者の見極め方について考えてみましょう。

081

paragraph-**20**

経営者を見極める
５つのポイント

　経営者の良し悪しを見極めるのも、中長期投資家にとっては大切な仕事。そのためのポイントを５つにまとめた。

①経営計画に合理性があるか

　上場企業の経営者の中には、非常に壮大な経営計画など大風呂敷を広げる人がいます。もちろん、強い成長志向を持つことは良いことです。しかし、中には単なる株価対策で中身の乏しい経営計画をぶち上げるような不誠実な経営者がいることも事実です。

　過去、そういう経営者に投資家がどれほど騙されてきたことでしょう。そういう不誠実な経営者の多くは、すでに株式市場から退場していますが、一番被害を受けるのは、そういう経営者の話を真に受けて投資してしまった投資家です。

　上場企業の経営者ともなるとプレゼンテーションは上手ですし、個人投資家をその気にさせるのは簡単です。

　では、大風呂敷を広げる経営者の中で、本物と偽物を見極めるにはどうしたらいいでしょうか。

　まず大切なのは、その経営者の話に合理性があるかどうかです。どういう根拠でその強気な計画を立てているのか、その会社のどのような強みをどのように生かそうとしているのか。そういう点を冷静に見極めていきましょう。そして、経営者の話に合理性が感じられないなら、投資には慎重になりましょう。

②社会に役立ちたいという情熱
（社会性）があるか

　これは、実はかなり重要なポイントです。

中長期的に成長が続く会社に共通しているのは、**「社会を便利で快適で楽しくしたい」というような理念や情熱が、社長以下全社的に浸透していること**です。

中長期的に成長が続くということは、中長期的に社会から必要とされるということであり、社会から必要とされる価値を生み出さない会社は収益も得られずに淘汰されていってしまいます。

「収益第一」という姿勢の会社は、一見業績が良さそうに見えても、その持続性がないケースが多いです。

たとえば、1990年代には中小の事業者に高利で事業資金を貸す商工ローンの会社が繁栄していました。株式市場でも大手の商工ローン業者は、好業績の優良企業としてもてはやされていました。

しかし、商工ローン業者の多くは、十分な説明をあえてせずに連帯保証人に「断りなしに融資枠を拡大できる」という条項のついた契約書にサインさせ、連帯保証人には、知らない間に当初の保証額の何倍もの借金を背負わせ、彼ら・彼女らの自宅や金融資産などをむしり取るというようなことをしていました。

2000年代に入ってからこうした悪質なビジネスのやり方にメスが入り、上場している商工ローンの多くは経営破たんしてしまいました。

一方、目先の収益を犠牲にしてでも、将来的に社会に役立つビジネスを模索する企業というのは、まさに「他が真似できないような強み」を手にして繁栄するケースが多いです。

たとえば、食品トレーの最大手であるエフピコ（7947）は、食品トレーのリサイクル法ができる何年も前から「社会の将来を考えるとトレーもリサイクルをする必要がある」という考えで、目先の採算を犠牲にしながらトレーのリサイクルの技術や仕組み作りを行いました。そして、トレーのリサイクル事業がやっと採算に乗り始めたころ、トレーメーカーにリサイクルを義務付ける法律ができました。他社がそこから収益的に苦しみながらリサイクル技術の開発を行う中で、エフピコはぐんぐんシェアと収益をアップさせていきました。

083

このように、「社会のために」というスタンスは、目先の収益的にはマイナスになりますが、将来的には「他が真似できない強み」になるケースが多いです。「社会にとって必要なのに皆がやりたがらないこと」の中に、「独自の強み」を築くネタが隠れているといえます。

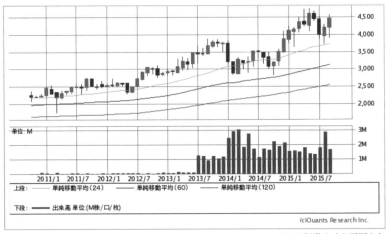

図表2-18 エフピコ（7947）の月足チャート

ＳＢＩ証券サイト画面より

③地道さと驚異的な粘りがあるか

　しかし、「社会にとって必要なのに皆がやりたがらないこと」をビジネスとして成り立たせることは難しいことです。ビジネスとして成り立たせるということは、それを収益的にも魅力的な事業にする必要があるからです。そして、社会性と収益性を両立させるためにも、地道さと驚異的な粘りが必要です。

　一見ハデに見えるインターネットビジネスでも、成功した企業は事業の基礎を築く時に、かなり泥臭い努力を粘り強くやっています。

　たとえば、楽天やカカクコムなどは、出店する企業を獲得するために様々な業者をどぶ板営業的に回ったといいます。

ファッションの仮想商店街「ＺＯＺＯＴＯＷＮ」を運営するスタート
トゥデイも、人気デザイナーの店舗に出店してもらうのに、１店ごと、
場合によっては何年もかけて提案を繰り返したといいます。

そういう地道な積み重ねがあってこそ「他に真似できない強み」は作
り上げられます。

④最悪の事態への備え、リスク管理の姿勢があるか

成長志向が高いのはいいのですが、あまりにも無節操な成長戦略を取
るのもリスクが高くなります。

有名な経営書シリーズ『ビジョナリーカンパニー』の著者のチームの
研究によると、売上高で20％くらいまでの成長ならば、かなり持続性
が高い傾向があるそうですが、それを超えると持続性の点で問題が出て
くることが多いそうです。

業種にもよりますが、一般的にはあまりにも成長を急いでしまうと、
業務遂行に問題が出てくるなど、いろいろリスクが高まるようです。

特に、大きな借金で一気に拡大しようとする場合には、事業見通しが
狂うとか、経済環境が激変するなどのケースで短期間に経営危機に陥っ
てしまうリスクもあります。

そうした最悪の事態に陥ることも想定して、そうなっても会社が倒れ
ないようなリスク管理がきちんと意識されているか、そうした点もチェ
ックしたいところです。

⑤顧客、取引先、投資家に対して誠実か

経営上、何か問題が起きた時に経営者の誠実さが試されます。問題が
起きた場合には、できるだけ速やかに情報を開示して、目先の収益を度
外視して徹底的な対策を取る必要があります。

情報開示と徹底的な対策が取られるかどうかで、その会社の経営者の

085

姿勢がわかります。もし、そうした点で逃げ腰な対応をするならば、その経営者のもとではその会社はなかなか立て直せない、と判断した方がよさそうです。

第**3**章

これから注目の
投資分野はこれ！

paragraph-1

有望なセクターを見つける
6つのコツ

　本章では、今後中長期的に投資家にとって注目されるテーマや分野について探っていく。まず、有望なテーマを見つけるためのコツについて学ぼう。

会社四季報をチェックし、
身の回りを見まわす

　中長期的に有望な投資のテーマや分野を見つけるためのコツは、下の表にまとめた6つです。

　まずは、身の回りをよく見まわすクセをつけましょう。37ページでも述べましたが、私たちの日常生活は、成長株探しのヒントであふれています。食べ物、洋服、遊び、仕事、様々なサービスなど、身の回りで伸びているものはないでしょうか。

　会社四季報を、発売されるごとにザッと目を通すことも役立ちます。全上場企業の最新状況を一覧できる資料というのはとても貴重です。伸びている会社にはどんな傾向があるのか、どんな分野やテーマの会社が伸びているのかということを意識しながらチェックしてみましょう。

図表
3-1　**有望な投資テーマを探すコツ**

①身の回りを見まわす
②会社四季報に目を通す
③株式市場の動きを見まわす
④画期的な技術に注目する
⑤規制や経済政策に注目する
⑥世の中の困った問題に注目する

技術や規制の変化は大切なヒント

　株式市場の動きそのものもヒントを与えてくれます。底値を抜け出して力強く上がり始めたもの、すでに力強い上昇基調にあるものは、何か有望な事業が育ち始めたか、力強い成長トレンドにある可能性があります。株価が上がっているものを買えばいいわけではありませんが、力強く上昇している株や順調に上昇している株には、何か理由があることが多いので、興味が持てそうな株であれば少し深掘りして調べてみるクセをつけましょう。

　社会を変えるような画期的な技術にも注目しましょう。インターネットなどＩＴ技術は、私たちの生活を大きく変えてきましたし、今後もまだ変えていくでしょう。ＩＴ技術の中でも、モバイル化、クラウド化など様々なトレンドが生まれています。

　ロボット技術、電気自動車、人工知能、ｉＰＳ細胞なども私たちの生活を大きく変えつつありますし、これからも変えていくでしょう。

　規制緩和や経済政策も、大きな投資テーマを生み出します。

　通信事業の自由化は、ＮＴＴドコモやＫＤＤＩなど様々な新興勢力の成長を生み出しましたし、証券手数料自由化などの規制緩和は、ネット専業証券の全盛時代を築きました。2016年には電力自由化が開始されますが、様々な新興勢力が出てくることでしょう。

　世の中の困ったことも、世の中のトレンドを生み出します。困ったことを解消しようとして新しいビジネスが起きるからです。日本が今直面している最大の問題は、少子高齢化による医療・介護の業者・施設の不足、労働力不足などです。

　医療・介護のビジネスは将来的に大きくなっていくでしょうし、労働力不足を補うためには業務のシステム化、ロボット化などのトレンドが続いていくでしょう。

グローバル化で浮上する会社と沈む会社

グローバル化という流れも、常に頭の中に置いておきましょう。日本の人口は減少トレンドに入ってしまいましたが、世界人口は、まだまだ拡大トレンドが続いています。

2015年現在の世界人口は73億人で、それが2030年には83億人になり、2050年には97億人、2080年には100億人近くになると国連は予測しています。

そのうちアジアの人口は2015年現在44億人で、2030年には48億人、2040年には50億人に達する見通しです。

こうした人口増加以上に、世界中で先進国のように豊かな生活がしたいという強い欲求を持つ人たちが一所懸命に経済活動をしており、中間層や富裕層の人口が世界各国でどんどん増大している点が重要です。高い品質やノウハウなどを持っている企業は、そういう人たちに向けた製品やサービスの売上を伸ばすことで、業績を大きく向上させることも期待されます。

一方、グローバル化というのは、企業の競争相手が世界中に広がり競争が激化するという面もあります。つまり、グローバル化というのは、そこから大きなメリットを享受できる会社と、競争激化で苦しくなる企業とが出てきてしまうという面があります。

グローバル化の流れの中で伸びる企業は、競争を避けられるか競争を勝ち抜ける独自の強みを持つ企業で、グローバル化による需要増加を享受できる企業です。

すでにグローバル化に成功して大きく開花している企業はたくさんありますし、今後も後に続く企業は出てくるでしょう。そうしたグローバル化の流れに乗れる企業かを見分けることも、投資家としては重要なポイントとなります。

以上の点を踏まえて、以下のページでは具体的な注目テーマについて考えていきます。

090

paragraph-2

注目テーマ①
インターネットショッピング

インターネットビジネスは今でも力強く成長し続け、私たちの生活を変え続けている。その中でも最も成長トレンドが明確なものといえるのが消費者向けの電子商取引。その有望株の探し方を学ぼう。

インターネットショッピングは、年率 10 ～ 15％の成長が続く見通し

インターネットショッピングはｅコマース、あるいはＥＣともいいます。インターネットショッピングの市場規模は、2011 年から 2014 年にかけて 8.5 兆円→ 9.5 兆円→ 11.2 兆円→ 12.8 兆円と年率 15％前後のペースで成長を続け、３年で 1.5 倍になっています。

インターネットショッピングが、年率２桁のパーセンテージで成長が続いているというのは、世界的な傾向でもあります。2020 年の市場規模は、各種調査機関の予測では 20 兆円程度になるというものが多いようです。これは年率 10％ペースの伸びに相当します。年率 15％の伸びが続けば、25 兆円程度の市場規模になります。

ヤフー（4689）は 2013 年にインターネットショッピングへの取り組み強化を宣言する「ｅコマース革命」を打ち出しましたが、将来的にＥＣ化比率（消費市場のうちｅコマース市場の割合）が 20％まで上昇することを想定しています。日本の消費市場は約 300 兆円ですが、インターネットショッピングの市場は、その 20％の 60 兆円というのが将来的なターゲットになってくる、ということです。

インターネットショッピングといえば、国内ではアマゾン・ドット・コムと楽天が二大勢力になっています。アマゾン・ドット・コムは書籍販売を中心にして、家電、家庭用品、洋服など様々なものを幅広く扱っています。その品ぞろえの多さと、配送システムの強さによって世界的にインターネットショッピングの王者となっています。

急拡大中の「楽天経済圏」

　楽天（4755）の「楽天市場」は、仮想商店街の運営であり、様々な事業者に様々な商品を売るために出店してもらうビジネスモデルです。楽天そのものが販売するということはせずに、あくまでも場貸しの商売ですから在庫リスクを負いません。また、様々な事業者のこだわりの商品が多数そろえられています。たとえば、ワインなどの嗜好品の種類の多さは有名です。

　また、楽天は楽天カード、楽天スーパーポイントなどリアルな小売店との連携を図り、楽天の影響力が及ぶ「楽天経済圏」が急拡大しています。

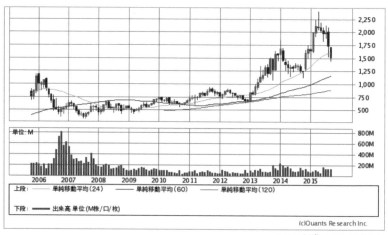

図表3-2　楽天（4755）の月足チャート

ＳＢＩ証券サイト画面より

　この２強に対して、ポータルサイト大手の**ヤフー（4689）**は、先ほども紹介したように2013年に「ｅコマース革命」という宣言をして、インターネットショッピング強化策を打ち出しました。

　具体的には、ヤフーショッピングとヤフーオークションに出店する初

期費用、毎月の固定費、売上ロイヤルティの全てをゼロにするという大胆な方針を打ち出して、楽天などを猛追する構えを見せています。

2015年現在の状況としては、eコマースでは楽天に大きな差をつけられていますが、親会社のソフトバンクと一緒に本気でeコマース革命を目指しているので、今後勢力地図を変えるような存在になる可能性も考えられます。

カカクコム（2371）は、価格を比較しながら主に家電を買うサイト「価格．ｃｏｍ」を運営しています。販売店が「価格．ｃｏｍ」に商品を出品して販売するというビジネスモデルです。この「価格．ｃｏｍ」は、価格比較サイトでは圧倒的な存在となり、価格を比較しながら安い家電をネットで買うということを常識化しました。

ただし、同社のこの事業は、2015年時点では伸び悩んでいて利用者数もほぼ横ばい状況になっています。

その一方で、同社の事業としては飲食店の検索サイトの「食べログ」の急成長が続いています。現在では、この食べログ事業が同社の主力事業になり、成長をけん引する事業になっています。2015年3月期も高成長が続き、過去最高の売上高と営業利益の更新が続いています。

スタートトゥデイ（3092）が運営する「ＺＯＺＯＴＯＷＮ」は、ファッション関係の仮想商店街の最大手です。有名ブランドや人気デザイナーの店舗が数多く出店しています。インターネット上では同社のサイトでしか買えないブランドや商品も多く、ファッション関連のショッピングサイトとしては圧倒的な強さを誇っています。

ファッション関連のショッピングサイトとしては、**エニグモ（3665）**が運営する「ＢＵＹＭＡ」も急成長してきています。「ＢＵＹＭＡ」は、従来のショッピングサイトとは異なる全く新しいビジネスモデルです。それは、簡単に言うと、「海外旅行する友人に買い物を頼む」ということをより大きなネットワークで仕組み化したもの、という感じです。

もう少し具体的に言うと、世界各地に滞在する日本人がパーソナルショッパーと呼ばれるバイヤーになって、日本よりも安く買える商品や日

本では買えない商品を探してその情報をＢＵＹＭＡのサイトに掲載し、注文が入ったらその店舗に行って購入して日本の顧客に送付する、という仕組みです。日本の顧客への販売価格は、パーソナルショッパーが利益を取れるように決めます。エニグモはサイト運営と決済の仕組みを担い、売買が成立するたびに手数料を徴収するという仕組みです。

最近は、野菜のネット販売も拡大してきています。そのパイオニアであり、最大手であるのが**オイシックス（3182）**です。
オイシックスのビジネスモデルは、野菜の生産者と消費者を従来の流通ルートを省いてインターネットでつなぐというものです。生産者のこだわりの有機野菜や、珍しいけどおいしくて栄養豊富な野菜などをオイシックスが全国から掘り起こし、それを購入希望者に販売していきます。従来の流通ルートでは乗りづらく、スーパーマーケットなどではなかなか手に入りづらい野菜の売買が中心で、オイシックスが新しい野菜の市場をインターネットによって創造しているといえると思います。

図表3-3 オイシックス（3182）の月足チャート

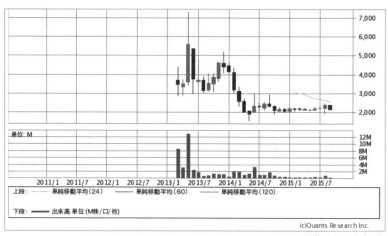

ＳＢＩ証券サイト画面より

paragraph-3

注目テーマ②
インターネット広告

インターネットビジネスにとってネットショッピングとともに2本柱の一つとなっているのがインターネット広告。高成長が続くこの業界の最新トレンドと有望株を探すポイントを押さえよう。

景気に左右されず
高成長を続けるインターネット広告

インターネット広告市場は2014年に1兆519億円に達しました。これは新聞、雑誌、ラジオを上回り、テレビの約半分程度の水準です。

インターネット広告は、リーマンショックなど経済環境にあまり左右されずに年率10%程度のペースで伸び続けています。このペースで増加が続けば、2020年には1.7兆円、その後、成長ペースが衰えても2020～2025年の間には、2兆円に達してテレビ広告を超えてくる可能性があります。

インターネットの大手の媒体としては、ヤフー（4689）とグーグルが挙げられます。どちらも検索に連動した広告を主な収益源としています。たとえば、ハワイ旅行について検索すると、それに関連したウェブページのインデックスがずらっと表示されることに加えて、関連した広告ページが表示されます。それが検索連動広告です。この分野ではグーグルが世界的に圧倒していますが、日本においてはヤフーとグーグルがシェアを二分しています。

インターネット広告関連としては媒体の他に、広告代理店と、広告技術を提供する会社があります。

広告代理店としては、**サイバーエージェント（4751）**が大手です。同社はAmebaなどの媒体育成もし、ゲームなども手掛ける総合的なインターネット関連企業になっています。

| 図表 3-4 | サイバーエージェント（4751）の月足チャート |

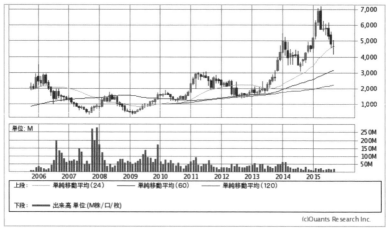

ＳＢＩ証券サイト画面より

　インターネット広告の中でも、特に成長著しいのがスマホ広告です。スマホ広告市場は、2012年から2014年にかけて3倍以上に急拡大して3000億円を突破しました。今後も高成長を続け、2017年には5400億円程度になるとの見方もあります。2020年頃には1兆円市場になっていく可能性があります。

　インターネット広告がテレビ広告を急追して、あと数年で追い抜く情勢となっていることの背景は2つあります。

　1つは、テレビの視聴時間が減って、その分パソコンやスマホを見ている時間が増えているということです。2014年に全世代で行われた調査では、まだテレビ視聴時間がパソコン＋スマホを見ている時間よりも長いという結果でした。しかし、若い世代では完全にパソコン＋スマホ、特にスマホを見ている時間が長くなっています。時間とともに、そして世代交代とともにテレビ広告市場が縮小し、インターネット広告が拡大する流れが続きそうです。

技術革新で生まれた新しい成長分野、ＲＴＢ広告とネイティブ広告

　インターネット広告の拡大が続いているもう一つの理由は、インターネット広告の技術がどんどん進化していることです。技術の進歩によって現在、急拡大中で将来的に大きな市場になるといわれているのがＲＴＢ広告とネイティブ広告です。

　ＲＴＢ広告というのは、インターネットのページで広告を表示するごとに瞬時に入札が行われて、表示する広告を決めるシステムの広告のことです。広告を出稿する企業側が入札の条件をあらかじめ設定しておき、広告が表示される瞬間に、複数の出稿希望企業の条件をコンピューターが精査して落札者を決めて広告表示します。

　ＲＴＢ広告の市場規模は、2012年から2014年にかけて一気に2倍となり500億円程度となっています。そして、2017年には1000億円を突破すると予想されています。

　このＲＴＢの日本における第一人者は、**フリークアウト（6094）**です。

　一方のネイティブ広告というのは、インターネットの画面に自然と溶け込むような体裁にした広告のことです。フェイスブックやツイッターなどのタイムラインに広告が投稿されているのをよく見かけますが、それはネイティブ広告の一つです。

　ネイティブ広告の市場規模は、2014年に38億円だったものが2015年には150億円、2017年には350億円程度というように急拡大することが予想されています。

　ネイティブ広告については、ＰＲ会社大手（会社のＰＲを支援する会社）の**ベクトル（6058）**が売上高を急拡大させています。

paragraph-4

少子高齢化のトレンドから
どんな注目テーマが生まれるか

今後の日本経済を考える上で少子高齢化は最重要なポイント。その実態とそこから生まれるテーマについて考える。

今後、75歳以上の高齢者が大幅に増加

経済トレンドは人口動態のトレンドに大きく影響されます。日本の今後の人口動態は、図表3-5のように予想されています。

まず、人口そのものがどんどん減少していきますが、特に生産年齢（15～64歳）と子供（0～14歳）の人口が減少します。その一方で高齢者の中でも、特に75歳以上の人口が増加していきます。

より具体的には、2015年から2030年にかけて、子供の数は1583万人→1204万人、生産年齢人口7682万人→6773万人と大幅に減少し、その一方で75歳以上の人口は1646万人→2278万人と大幅に増加します。

高齢者が増えるということは、当然高齢者向けのモノやサービスの需要が増えていくことが予想されます。その最たるものは、医療・介護・福祉関連です。

さらに注目すべきは、高齢化はアジア全体でも進んでいくということです。特に、中国では高齢者の数が2010年に1.1億人程度だったものが2025年には3億人と桁違いのボリュームになります。

日本が高齢者ビジネスにおいて先行して技術やノウハウを蓄積できれば、中国をはじめとしたアジアの莫大な需要も日本企業が享受できる可能性があります。

人手不足も深刻化する

　一方、生産年齢人口が減るということは、様々な職場で人手不足が生じることになります。2015年現在、すでに飲食店などのアルバイト店員の人手不足が問題化しています。

　保育、介護などの現場や工事現場などの人手不足も深刻化しています。こうした人手不足という問題が、今後どんどん広がっていくでしょう。そして、それに対処するために仕事を効率化するための業務のシステム化やロボット化が進んでいくと思われます。

図表3-5　今後の日本の人口動態の予測

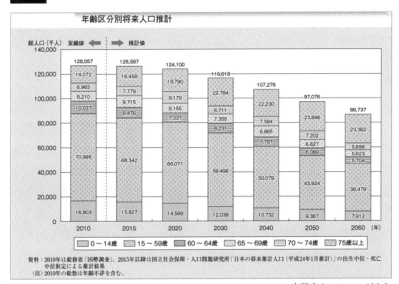

内閣府ホームページより

paragraph-5

注目テーマ③
介護ビジネス

　高齢者人口の増加に伴って医療費と介護費の拡大が続く見込みであり、関連ビジネスのパイは大きく広がりそうだが、サービスや製品の単価は抑制されそう。そうしたハードルを乗り越えて大きなパイを取って伸びそうな企業を探そう。

大きく拡大が予想される介護・医療分野

　図表3－6は厚生労働省による長期的な見通しですが、2015年から2025年にかけて、医療費は39兆円→53兆円、介護費は10兆円→20兆円と大幅に拡大することが予測されています。

図表3-6　社会保障費の将来推計

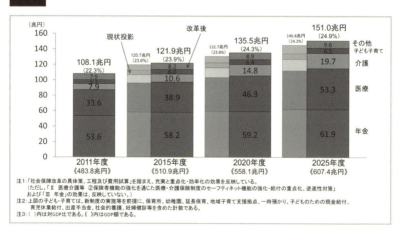

政府資料より

１人当たりの費用やサービス単価は
下がりそう

　しかし、医療・介護のビジネスには制約もあります。

　医療費と介護費、さらに年金などの社会保障費は、私たちが毎年支払っている健康保険料や介護保険料などでもまかなわれますが、それだけではまかないきれず、「社会保障関係費」という名目で毎年莫大な税金が投入されています。

　2015年の予算では、この社会保障関係費は31.5兆円にも上りました。国の収入は税収とその他収入を合わせても59.5兆円しかありません。つまり、国の収入の半分以上は社会保障関係費で消えてしまう状況です。

　しかも、この社会保障関係費が毎年１兆円ペースで増えていますし、人口動態を考えると今後も増え続けると考えられます。ですから、今後も一層そうした財政的な制約が事業者にのしかかる可能性があります。より具体的には、１人当たりの医療費や、サービスや薬やその他製品の単価には価格を抑える圧力が加わり続けることが予想されます。

介護報酬引き下げで打撃を受けた業者も

　たとえば、2015年は３年に一度の介護報酬の改定の年でしたが、介護事業者の多くにとっては、厳しい改定となりました。介護事業者のサービスに対して支払われる介護報酬が、平均2.27％引き下げられたのです。特に小規模事業者に対する引き下げ幅が大きく、デイサービスの小規模事業者への介護報酬は最大9.82％も引き下げられてしまいました。

　介護報酬は、基本料金にあたる「基本サービス費」と事業所の人員体制などが要件を満たした場合に上乗せする「加算部分」の２つからなります。2015年の改定では、基本サービス費が平均で4.48％下げられ、加算部分は2.21％上げられました。差し引きマイナス2.27％ということです。

　加算部分のプラス2.21％は、介護スタッフの賃上げと、介護の要介護

度が高い人や認知症患者への手厚いケアに取り組む事業者への手当てに充てられます。

　介護業界では国の財政の制約に加えて、もう一つ大きな問題があります。それは人手不足です。介護の仕事はかなりきついのに、給料は平均に比べて低いということから、介護の仕事に就く人が不足しています。

　政府としても、介護報酬のうち、人員体制などが整っている事業者に従業員の給与を上げるために「加算部分」を増額するなどの対策で介護就業者を増やそうとしています。

　しかし、それでもなかなか人材不足は解消されず、企業も待遇改善などの措置を迫られています。

　こうした状況では、たとえば、1人に1.5倍の給料を払っても、その人が1.5倍の生産性を発揮するという体制や仕組みを作った企業が勝ち残るということになります。

介護関連の有望株を見極めるポイント

　以上のように、介護・医療ビジネスについては、将来的にパイが大きくなることは間違いないものの、事業者にとっては厳しい条件をクリアしないとそのパイが取れない、という状況だといえます。

　そうした意味で投資家にとっては、銘柄を見極めれば大きなパフォーマンスが狙えそうだけど、安易に投資すると痛い目に遭うかもしれない、という分野です。

　介護サービス関連の銘柄を見極めるポイントは、以上の点も踏まえて考えると、

- **いかに大きな規模できちんと体制作りがされているか**
- **在宅介護や要介護度の高い人向けのサービスに対応できるか**
- **いかに質の良いサービスを効率よく提供できるか**
（＝1人当たりの生産性を高められるか）

という点が挙げられます。

最大手のニチイ学館も
成長軌道入りに向けて試行錯誤

　介護サービス業界最大手は**ニチイ学館（9792）**です。ニチイ学館は医療事務受託でもトップ企業であり、この2つの事業が柱となっています。さらに、第3の柱として英語塾の「COCO塾」などの教育事業、第4の柱として保育事業を育成しています。

　そして、中国での事業展開を2014年頃から本格化し始めています。中国では主に介護と保育の事業を拡大していく方針です。

　このように、将来の布石として新規事業への投資を積極的に行っていることに加えて、介護報酬減額の問題も重なって2015年現在の収益トレンドは停滞している状況です。今後は介護事業の成長が続き、新規事業が軌道に乗ってくれば投資チャンスが生まれてくるかもしれません。

図表3-7 **ニチイ学館（9792）の月足チャート**

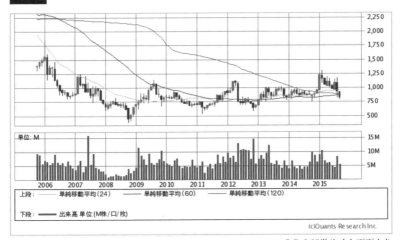

ＳＢＩ証券サイト画面より

在宅医療・在宅介護は国策が後押し

　政府は在宅医療・在宅介護を推進しており、2015年の介護報酬改定でも在宅介護を支援する訪問介護の介護報酬については、引き上げています。そうしたこともあり、訪問介護を主とする事業者の業績は比較的安定して伸びています。訪問介護を主とする事業者としては**セントケア・ホールディング（2374）、ケア21（2373）、N・フィールド（6077）**などがあります。

　N・フィールドは、精神科に特化した訪問看護と訪問介護を提供しており、その専門性を生かしたビジネスモデルで業績拡大をしています。在宅治療を行っている精神疾患患者は、薬を飲むのをやめてしまったり、通院治療も中断するケースが多く、病状が再発・悪化し、場合によっては迷惑行為などをするケースもあります。そのため、精神疾患の在宅治療が増加する現状では、それに対して医療的な側面からサポートを行う訪問看護の必要性が高まっているということです。

サービス付き高齢者住宅も国策で伸びる

　サービス付き高齢者住宅も国が補助金など政策的に後押しして伸びている事業です。サービス付き高齢者住宅とは、食事や家事などのサービスが付いている高齢者向け住宅で、8割がた介護施設も併設されています。

　メッセージ（2400）は、このサービス付き高齢者住宅と介護付き老人ホームをそれぞれ「アミーユ」「Cアミーユ」というブランド名で展開している大手です。同社の最大の特徴は、入居時に支払うことが常識になっていた入居一時金をゼロにするという画期的なビジネスモデルを導入したことです。そのことが受けて業績を伸ばしています。

　ただし、2015年9月には川崎の施設で利用者の老人が転落死し、豊中の施設で職員が利用者の老人を虐待するという不祥事が発覚しました。この状況から立て直せるのかどうか注目されます。

一方、通所介護（デイサービス）については、先ほども述べたように介護報酬が大幅にカットされてしまい全体的に厳しい経営環境が続いています。

　通所介護大手の**ツクイ（2398）**も2015年現在は、介護報酬削減と人件費上昇の影響で収益面は停滞状況が続いています。ただし、需要増加を背景に売上高は順調に伸ばしています。今後、一段と体制強化や生産性強化などを行うことによって利益が再度成長トレンドに乗れるかどうか注目されます。

　施設以外では、**パラマウントベッドホールディングス（7817）**が介護・医療用ベッドで国内シェア7割と圧倒的なシェアを誇ります。その製品力を生かして海外展開も図っています。ここから爆発的に増えるアジアでの需要を取り込めるか注目されます。

　エヌ・デーソフトウェア（3794）は、介護・福祉分野に特化したソフトウェア会社で、介護事業の効率化に貢献しています。

図表3-8 **パラマウントベッド（7817）の月足チャート**

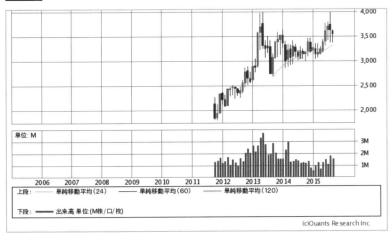

ＳＢＩ証券サイト画面より

paragraph-6

注目テーマ④
医療・医薬品

　医療・医薬品も高齢化が進む中で需要が大きく伸びそうだが、国の財政の制約と医師・看護師不足という制約もある。ハードルを乗り越えて大きなパイを取れる企業を探そう。

医療・医薬品関連の有望銘柄を探すポイント

①医療関係の製品やサービスで、絶対的な強みを持ち今後も需要拡大を
　享受しそうな企業
②病院経営を効率化したり、医療を低コスト化できる企業

　というのが、医療・医薬品関連株を選別するポイントになります。

　医療機器で強みを持つ企業としては、**オリンパス（7733）**が内視鏡で世界シェア7割を握り、この分野では圧倒的なリーディングカンパニーです。内視鏡といえば、胃カメラなどでお世話になっている人も多いと思いますが、現在では内臓の状況を即座に詳しく検査できるだけでなく、ちょっとした腫瘍の除去などもでき、患者の負担を大きく減らす機器に進化していますし、今も進化し続けている注目の医療機器です。

　テルモ（4543）は注射器、注射針、輸液ポンプ、血液バッグなどでは国内でそれぞれ5～7割と圧倒的なシェアを握ります。

　また、体の負担が少ない手術として広まっているカテーテル手術に必要なガードワイヤーでは、世界で6割のシェアを握っています。その他にも国内外で高シェアの製品をいくつも抱えています。

画期的な新薬開発に成功する会社も有望

　現在、医薬品業界では、画期的な新薬開発が相次いでおり株式市場でも注目されています。

小野薬品工業（4528）は、免疫システムを再活性化させてがんを治療するという画期的な治療薬のメカニズムを開発しました。がんができてしまうと、その部位の免疫システムの機能が低下して、がんが増殖してしまうというプロセスをたどるそうです。ですから、免疫を再活性化できれば、がんの進行を止めたり消滅させたりできるのではないかということで、そのための研究が一時期盛んに行われましたが、その研究は困難で次々と脱落していきました。しかし、小野薬品だけは研究を続けて、画期的な新薬のメカニズムを発明・発見できたということで、「がん治療に革命を起こす」とまで言われています。2014年には、このメカニズムによる皮膚がん向け治療薬を発売し、それを皮切りに今後様々な臓器のがん向けの治療薬を発売していく予定です。

エーザイ（4523）は、もともとアルツハイマー型認知症治療薬に強い会社ですが、認知症の次世代新薬を4種類開発中です。そのうち一つについて、会社側は2020年頃にも発売できる見込みだとしています。それは認知症の初期段階で使用することで、病気の進行を止めたり、症状の改善を図れたりする画期的な次世代新薬だということです。

認知症の患者数は国内では400万人以上、世界では4000万人以上いるといわれており、その数は増加傾向にありますので、もし画期的な新薬ができれば、業績へのインパクトも大きくなりそうです。

その他、iPS細胞の研究などからも画期的な新薬や治療法などが今後出てくることが予想されます。

以上のように、新薬開発には夢がありますし、製薬各社のチャレンジが私たちの健康の劇的な増進につながります。そして、画期的な新薬開発に成功した会社の業績と株価は、大きく伸長する可能性があります。

しかし、新薬開発は数年か、それ以上という長いスパンで行われるものであり、なかなか将来的な業績がはっきり見定められないという難点があります。個人投資家にとってはやや取り組みづらい投資対象ですが関心ある新薬や製薬会社があれば、アナリストレポートなども参照しながら投資にチャレンジしてみていいと思います。

| 図表 3-9 | 小野薬品工業（4528）の月足チャート |

ＳＢＩ証券サイト画面より

| 図表 3-10 | エーザイ（4523）の月足チャート |

ＳＢＩ証券サイト画面より

ジェネリック薬品の推進策は
2020年まで続く見通し

　一方、医療費抑制の観点から、政府はジェネリック薬品の推進という方針を掲げています。ジェネリック薬は、特許切れした薬を低価格で販売している薬です。ジェネリック薬の数量シェア（ジェネリック薬がカバーしている範囲の薬が、実際にジェネリック薬に置き換わっている割合）は、2014年に52%に達していますが、政府は2020年度末までに80%まで引き上げる方針を打ち出しています。

　日本のジェネリック薬の市場は、足元で年率10%ほどのペースで拡大を続けていますが、欧州の製薬メーカーの業界団体は、2014年から2020年度にかけて1.2兆円→1.9兆円と拡大すると予測しています。

　ジェネリック薬メーカーの大手3社は**沢井製薬（4555）**、**日医工（4541）**、**東和薬品（4553）**です。そして、いずれの会社も業績好調で2014年度に過去最高益を更新しています。政府のジェネリック薬の推進策を受けて、先行投資に一段と積極的になっています。

　沢井製薬は2015年から2020年にかけて生産能力を1.8倍にする計画、日医工は2016年3月期に前期比2倍の設備投資を実施予定、東和薬品は2015年から2018年にかけて生産能力を1.6倍に増強する予定です。

　その他、**富士製薬工業（4554）**、**日本ケミファ（4539）**などもジェネリック薬主体の製薬メーカーです。

　あすか製薬（4514）は、筆頭株主の武田薬品工業と連携して、武田薬品が特許を持つ薬を特許が切れる前にライセンス提供してもらいジェネリック薬を製造・販売するという戦略に出ています。そのことで他社がジェネリック薬を出す前に市場シェアを押さえるという戦略です。

　その他、**ダイト（4577）**はジェネリック薬メーカーに原薬（薬の原料）を提供したり、薬の製造を受託することで業績を伸ばしています。

　フロイント産業（6312）は、薬のコーティング装置のメーカーですが、ジェネリック薬メーカーの設備投資増加の恩恵を受ける会社です。

図表 3-11 沢井製薬（4555）の月足チャート

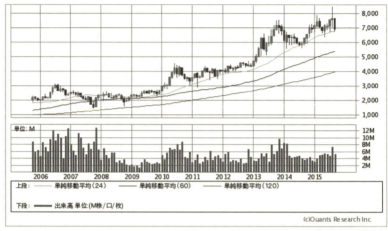

ＳＢＩ証券サイト画面より

病院経営の効率化、人手不足対策で伸びる企業は？

　病院経営についても経営の効率化が求められています。そうした背景から病院経営のコンサルティング事業大手の**シップヘルスケアホールディングス（3360）**は、ビジネスチャンスを増やしているようです。

　病院経営の効率化のためには、医療のＩＴ化も必要ですが、関連企業としては**ファインデックス（3649）**、**ソウトウェア・サービス（3733）**、**メディカル・データ・ビジョン（3902）**などがあります。

　また、病院経営でも人手不足が問題になっています。**エス・エム・エス（2175）**は、インターネットによる医療・介護向けに特化した人材紹介や求人広告の事業をして業績を伸ばしています。

　ＭＲＴ（6034）は、インターネットを活用した医療人材紹介サービスをしています。医師紹介サイト「ＭｅｄＲＴ．ｃｏｍ」が主力で、看護師や薬剤師、検査技師向けのアルバイト紹介や転職紹介も行います。

paragraph-7

注目テーマ⑤
保育

　少子高齢化によって起こるもう一つの問題は労働力不足。それを解消するには、女性の活用、高齢者の活用、教育による労働生産性向上、人材流動化、ロボット化などが大切になる。そのうち女性の活用を促すために必要な保育ビジネスについて有望企業を探そう。

待機児童問題解消の切り札は民間企業の活躍

　女性の活用、特に20代後半から30代の女性の活用が日本の重要課題であることはIMF（国際通貨基金）によっても指摘されています。日本の働く女性は出産を機に仕事を辞めてしまい、その後、復帰したくてもできないというケースが、他の先進国に比べて非常に多い点が問題視されています。出産前後に会社を休むのは仕方ないとしても、その期間が終われば、また、普通に会社に復帰できるような会社の体制や社会の仕組みが求められています。

　そこで最大のネックとなるのが、**保育園、学童保育などが不足しているという問題**です。子供を安心して預けられなければ、子供を持つ女性は働きに行くことができません。しかし、現実には、2015年現在も保育園に子供を預けられなくて働けない女性がたくさんいます。

　そこで政府は、「待機児童解消加速化プラン」を打ち出しました。これは保育園の受け入れ人数を2013年の220万人から2017年に260万人にするというプランです。

　具体的には、国有地の積極的活用、保育士確保のための処遇改善など支援策、保育施設設置の要件緩和などが行われ、民間企業が積極的に施設を増やしやすくしています。

　このように待機児童解消のため急速に保育施設を増やすにあたっては、施設の開設・運営の高いノウハウと機動力のある民間保育施設運営会社の活躍が期待されます。実際に、民間参入に積極的な自治体とそうでな

い自治体では、待機児童解消の成果に大きな差が出ているようです。

　民間保育サービスの最大手は、**JPホールディングス（2749）**です。同社については69ページでも説明しましたが、「アスク」というブランド名で保育園運営をしており、2015年3月末現在、保育園146、学童保育施設46、児童館8、合計200の保育施設を運営しています。

　2010年3月末の98施設から5年で2倍以上に増加しました。年率15%のペースで増加が続いています。そして、2018年3月期には売上高を2015年3月期179億円の1.37倍の246億円とする計画です。年率10%強の成長率を続けるという計算になります。

　同社は、2000年に保育園運営が民間企業に解禁されると真っ先にこの事業に乗り出し、様々な困難を乗り越えて施設を増やしてきたパイオニアで、現在では施設数で2位の会社を2倍程度の差で引き離す圧倒的な存在です。

　同社の強みは施設数だけではありません。夜間保育や土日保育、契約農家のコメや国産野菜を使って管理栄養士が健康を考えて作ったレシピによる給食、希望者向けに提供する英語や体操などのレッスンなど、利用者のニーズに柔軟にこたえて様々なサービスを展開し、それらについて人材とノウハウを蓄積している点も強みです。これらのサービスは子会社を通じて提供していますが、他の保育園施設にも外販していく計画です。

　ただし、2015年現在、利益面は停滞しています。先行投資によるコストがかさんでいることに加えて、保育士不足とそれに伴う人件費の上昇が利益を圧迫しているからです。

　保育士不足対策としては、給与を積極的に引き上げています。2015年4月には全国平均で10%、東京都内では15%も引き上げました。さらに、保育士資格を持たなくても保育士予備軍として採用し、内定後に社内講座で学んで国家資格を取得させるという対策も始めました。

　現状の様々な困難を乗り越えて、待機児童解消と、日本の保育サービスの質向上に貢献しながら業績拡大していくことが期待されます。

サクセスホールディングス（6065）は、受託保育（事業所内保育）に強みを持つ企業です。受託保育とは様々な病院、大学、企業など様々な職場に設置されている保育施設の運営を受託する事業です。365日、24時間体制で、様々な職場の様々な要望に柔軟に応じるのが同社の強みです。受託している施設数は、2010年12月末から2014年12月末にかけて137→167と順調に増加しています。

　受託保育以外の保育施設は「にじいろ保育園」の名前で展開している保育園や学童保育など合わせて2010年12月末から2014年12月末にかけて44→88と倍増させています。

　その他、103ページで紹介したニチイ学館も、医療事務、介護、教育に続く第4の柱として保育事業を拡大させています。

　また、**幼児活動研究会（2152）**は、幼稚園や保育園に体育の先生を派遣する事業を展開しています。ヨコミネ式教育法で全国的に有名な横峯吉文さんの教育ノウハウをベースにした教育プログラム「YYプロジェクト」による指導法に対する支持が広がっているようです。

図表3-12　サクセスホールディングス（6065）の月足チャート

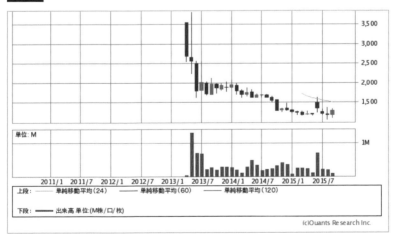

SBI証券サイト画面より

paragraph-8

注目テーマ⑥
教育産業

　子供が少ないと経済的にも余裕が出て、子供の教育にかける親の教育熱も高まるので、子供1人当たりの教育費は増える傾向にある。その受け皿となる教育産業について見ていこう。

学習塾は個別指導が一大勢力に

　少子化によって親が子供にかける情熱と教育費が上がると同時に、政府や企業も教育を重視する傾向が高まっています。労働力不足が進展していく中で、1人当たりの生産性を高める必要が高まっているからです。

　教育産業は現在2.5兆円程度の市場規模となっています（矢野経済研究所の2013年度調べ。以下同様）。

　その中で学習塾・予備校市場は9360億円と大きな市場ですが、市場規模自体は、やや頭打ちの状態になっているようです。

　学習塾の中でも個別指導塾は、2010年くらいまで急拡大して一大勢力になりました。個別指導塾は明光ネットワーク、東京個別指導学院、リソー教育が3大勢力です。個別指導塾全体の成長は頭打ちになってきていますが、その中でも大手はM＆A、事業提携なども含めて事業分野を広げるなどして高収益を保っているケースが多いです。

　明光ネットワークジャパン（4668）は「明光義塾」の名前で主にフランチャイズ方式で全国展開しており、教室数や利益面では個別指導塾大手3社の中でも圧倒的です。

　積極的にM＆Aや事業提携によって事業拡大を続けており、現在は予備校の「東京医進学院」、サッカースクール、早稲田アカデミーとの提携による難関校進学のための個別指導塾「早稲田アカデミー個別進学館」、学習付き学童保育などを展開して業績拡大が続いています。

東京個別指導学院（4745）は直営方式で全国展開していますが、2011 年の東日本大震災以降は、生徒募集を自粛した影響もあり生徒数が激減し、現在は回復傾向にあります。ベネッセホールディングスの子会社になり連携を図っています。

リソー教育（4714）は「トーマス」の名前で受験指導の個別指導塾を首都圏で展開しています。その他、家庭教師派遣の「名門会」、私立小学校受験のための幼児教室「伸芽会」の運営でも有名です。2014 年春には、数年来にわたる粉飾決算が発覚して業績が大きく落ち込みましたが、リストラも行い 2015 年からは営業を本格的に再開して業績は回復傾向にあります。

集団指導塾は、地域密着など独自性のある会社が伸びている

集団指導塾は全体的に頭打ち傾向ですが、地域密着など独自戦略を取っている学究社やステップなどは売上拡大を続けています。

大学受験予備校は、浪人生の数が激減していることもあって全体的に低迷していますが、現役高校生向けへのシフトに成功したり、独自のノウハウを持っているところは成長を続けています。

学究社（9769）は西東京地区を地盤にして「ena（エナ）」のブランドで小中学生向けに集団指導塾を展開し、小学生向けには都立中高一貫校への高い進学実績、中学生には定期テスト対策による内申点引き上げに注力している点をアピールして売上高を伸ばしています。

ステップ（9795）は、神奈川県中西部で主に中学生向けの集団指導塾を展開し、地元の難関県立高校への合格実績ＮＯ．１をセールスポイントに着実に教室数と売上高を伸ばしています。

早稲田アカデミー（4718）は、早稲田大学や慶応大学の付属中学・高校への進学実績の高さを武器にして小学生・中学生向けの進学塾の事業で売上高拡大を続けています。「東進ハイスクール」のナガセが筆頭

株主であり、明光ネットワークとも提携しています。利益面はやや停滞気味ですが、これらの提携などをテコに利益面も再び増勢に乗せられるか注目されます。

塾・予備校業界はナガセ、増進会出版を軸に再編進む

　教育産業全体での再編や提携の動きも活発化しています。

　現状では、ナガセと増進会出版社（未上場）が２強といわれ、この２社中心に再編の動きが活発です。

　ナガセ（9733）は、大学受験予備校の「東進ハイスクール」の運営会社です。東進ハイスクールは駿台予備学校、河合塾、代々木ゼミナールという３強の牙城を崩して３強の一角に食い込む躍進を見せています。

　同社は有力な講師陣を集め授業をビデオ撮影して、それをオンデマンドで提供するという映像授業のシステムを確立しました。

　また、その授業映像を中心にしたコンテンツを地方の中小の予備校に対してフランチャイズ方式で提供する戦略で成功しています。教育機会の均等化という企業理念によって、地方の大学受験生にも東京と同じ教育コンテンツを与えたいということから、こうした戦略を取り始めました。塾の看板はそのままに「東進衛星予備校」のコースも提供するという方式にしたこともあって、同社の理念に賛同する地方の塾・予備校にフランチャイズ契約が広がり、2015年7月時点ではフランチャイズ先だけで944校舎において東進ハイスクールの映像授業が提供されています。

　ナガセは、その他にも私立中学校受験の名門「四谷大塚」や、大学ＡＯ入試に強い「早稲田塾」を買収したり、中学受験・高校受験の進学塾として有名な「早稲田アカデミー」の筆頭株主になったりしています。

　また、小学生向けの英会話スクール「東進こども英語塾」や、さらに

は社会人向けの英語スクールやビジネススクールなどを展開するなどして売上高を伸ばしています。

増進会出版社は未上場企業ですが、業界再編の台風の目になっています。同社は大学受験向け通信添削の「Ｚ会」で有名です。そして、2015年には学習塾最大手で「栄光ゼミナール」を運営する**栄光ホールディングス（6053）**を買収しました。売上高200億円の企業が売上高400億円の企業を買収したということで話題になりました。

増進会も社会人向けのスキルアップ用の通信講座などを拡充していますが、資格試験に強いＴＡＣの大株主となって事業提携して、共同で国家公務員試験対策や公認会計士試験対策の講座をスタートさせました。その他にも英語、教員採用試験対策、大学院入試対策、臨床心理士指定大学院入試対策、簿記、文章講座など講座数を増やしています。

英会話、社会人向け講座、
ｅラーニングは成長続く

学習塾・予備校の市場が頭打ちになる一方で英会話、社会人のスキルアップ、タブレット端末などを使ったｅラーニングの市場は拡大が続いています。

2020年度には大学入試センター試験を廃止。政府の諮問機関は、記述式を取り入れて知識の活用力を見極める新たな共通試験を導入する方針を打ち出しています。そうした流れの中で、難関大学の入試では「読む、書く、聞く、話す」という英語の４技能が試されるTOEFL試験などを取り入れる流れが強まることが予想されています。

また、2020年度からは小学３年生の英語の授業が必修化されます。

以上のことから、小学生のうちから英会話を身に付けさせたいというニーズが強まっており、教育産業各社は子供向けの英会話スクールの事業に力を入れ始めています。

さらに、学童保育に塾サービスを付加した事業にも多くの会社が乗り

出してきています。

社会人向けのスキルアップの関連銘柄にはＴＡＣやビジネス・ブレークスルーがあります。

ＴＡＣ（4319）は公認会計士、税理士、公務員、社会保険労務士、宅地建物取引士等々、人気の資格で軒並み高い合格者数を誇ります。

同社の業績は 2009 年頃までは長期的な拡大トレンドが続いていましたが、ここ数年は停滞が続いています。2014 年からはＺ会の増進会出版社が大株主となって事業提携しており、今後はその成果や、ｅラーニング化などによる新しい成長路線入りを期待したいところです。

ビジネス・ブレークスルー（2464）は「世界に通用するグローバルリーダーの育成」を理念として著名な経営コンサルタント・大前研一さんが創業し社長として率いる経営スクールです。

ビジネスマン、経営者、起業家を対象に、経営スキル、ビジネススキル、ビジネス英語、起業・新規事業などのプログラムをそろえています。インターネットや衛星放送などによる最先端のシステムを使った遠隔双方向の教育である点が、大きな特徴です。経営学を学ぶビジネス・ブレークスルー大学と大学院も運営し、そこでＭＢＡ取得も可能です。また、インターナショナルスクールや語学教育に注力する幼稚園なども傘下に収め、幼児から大人まで一貫した教育のシステム構築を目指しています。

2015 年 3 月期まで売上高は順調に伸びています。利益面では、積極的な先行投資でコストがかさんだこともありやや停滞気味ですが、そうした投資の成果が今後利益面にも表れるかが注目されます。

急拡大中のオンライン英会話

英語教育の需要も高まっていますが、特にオンライン英会話レッスンの市場が伸びています。

語学ビジネスの市場規模は 2014 年に 8131 億円でしたが（矢野経済研

究所調べ）、その中でeラーニングは前年比15%増の75億円と急成長しています。そのトップ企業がレアジョブです。

レアジョブ（6096）は、「日本人1000万人を英語が話せるようにする」という理念のもとに2007年に設立した若い企業ですが、インターネットの通話ソフト「スカイプ」を使った格安の英会話レッスンで急成長し、2015年3月期には会員登録者数34万人、法人導入数400社、そして売上高は21億円に達しました。語学eラーニングの市場規模75億円の3割程度のシェアとなります。

同社のビジネスモデルは、人件費の安いフィリピン人を講師として、無料通話ソフトでレッスンを行うというものです。そのことにより毎日レッスンを受けて月額5800円という安さを実現しました。

同社と同じビジネスモデルのオンライン英会話レッスンも100以上立ち上げられ、激しい競争と淘汰が起きています。そうした中でも同社は、フィリピン大学の優秀な学生を中心に約4000人の講師を確保し、豊富な教材をそろえて高シェアと高成長をキープしています。

オンライン英会話の市場は立ち上がったばかりであり、今後どんな勢

図表3-13 **レアジョブ（6096）の月足チャート**

ＳＢＩ証券サイト画面より

力やトレンドが現れるのか不透明な面もありますが、非常に有望で興味深いビジネス分野といえるでしょう。

eラーニングの主役は老舗か新興勢力か

ベネッセホールディングス（9783）は教育産業の最大手企業ですが、eラーニング化の流れの中で大きな戦略転換を迫られています。

同社は小中高生向け「進研ゼミ」、幼児向け「こどもちゃれんじ」など通信添削を中心に売上高4000億円台、時価総額3000億円台（いずれも2015年9月時点）と教育関連銘柄では圧倒的な存在です。しかし、2014年に発覚した顧客情報流出事件の影響で2014年4月に365万人だった国内会員数が、2015年4月には271万人と94万人も減少してしまいました。

また、通信添削事業が落ち込んでいる背景には、タブレット機器による学習が台頭してきたこともあります。それに対応するために、同社は通信添削のノウハウをベースに「チャレンジタッチ」というタブレット機器による通信教育事業にも力を入れ始めています。落ち込んだとはいえ、依然として莫大な顧客基盤を持つ同社が、その強みを生かしてeラーニング市場でも強さを発揮できるかが大きな注目ポイントになります。

同社のその他の部門は、中国など海外での通信添削事業が前年比18％増、世界展開する英会話スクール「ベルリッツ」が前年比5％増、介護事業が前年比11％増と順調に伸びています。その結果、国内教育事業以外の事業が売上高の約半分を占めるようになってきています（以上は2015年3月期の決算データより）。

そして、国内教育事業でも、お茶の水ゼミナール、東京個別指導学院、鉄緑会、アップなど、次々と買収して学習塾でも一大勢力になってきていますし、全国約400教室ある「こども英会話のミネルヴァ」の運営会社も買収し、子供向け英会話事業にも参入しました。

以上のように、ベネッセホールディングスは顧客情報流失事件の後遺症はかなり深いものの、事業基盤の厚みが相当あります。そうした潜在

力を生かして復活できるかどうか注目されます。

ジャストシステム（4686） は、ベネッセホールディングスより一足早くタブレット端末による通信教育事業をスタートしました。

同社はパソコンやスマホで使用されている定番の日本語入力ソフト「ＡＴＯＫ」によって安定した高収益を上げていますが、それに続く柱として育成しているのが教育用ソフトです。

同社は2004年から小中学校の授業支援ソフトの事業を行っており、現場とやりとりしながらノウハウをため込んできました。そして、小学校向けの「ジャストスマイル」は小学校の8割に導入されており、現在はそれを元に開発したタブレット用「ジャストスマイルクラス」の普及を図っています。

政府は、2020年度までに全国全ての小中高校でタブレットを1人1台配備する方針であり、ＩＴ（情報技術）教育機器の国内市場規模が2020年には2013年の約16倍の1160億円になるとの予測（調査会社のシード・プランニングの予測）もあります。ベネッセやＮＥＣなども学

図表3-14 ジャストシステム（4686）の月足チャート

ＳＢＩ証券サイト画面より

校現場向けに学習支援ソフトを発売してこの需要の取り込みを図ろうとしていますが、これまでの実績を考えればジャストシステムは、そうした学校教育IT化関連の本命といえるでしょう。

また、ジャストシステムは長年の学校向け授業支援ソフトのノウハウを生かして、家庭学習用にタブレット端末を使った通信講座「スマイルゼミ」を業界に先駆けて展開しています。

学研はコンテンツ力とブランド力を生かして復活なるか

教育産業の中でも教育出版の分野は苦戦が続いています。

学研ホールディングス（9470）は、学習参考書など教育出版の大手ですが、出版部門の売上高と利益は低迷し、2014年9月期は赤字転落、2015年9月期も第3四半期までの状況は赤字が続いています。学研のブランド力を生かした教室・塾事業は伸びていますし、介護・保育園ビジネスも伸びていますが、全社的には業績低迷が続いています。

子供向けオンライン英会話レッスンなどの新しいビジネスも始めましたが、今後教育出版で培ったノウハウ・コンテンツ・ブランド力を生かして復活できるのかどうか注目されます。

子供の習い事で人気があるのは水泳ですが、スイミングスクールとしては**ジェイエスエス（6074）**が上場しており、2015年現在は順調に拡大しているところです。

122

paragraph-9

注目テーマ⑦
人材ビジネス

　少子高齢化によって人手不足がますます深刻化していくことが予想される中で、人材はますます貴重で希少な資源になっていく。そんな中で重要性が高まりそうな人材ビジネスについて考えよう。

労働者派遣法改正で伸びる人材会社を探そう

　人材ビジネスは人材派遣、職業紹介、求人広告、業務請負（アウトソージング）の4つが主な分野であり、2013年の市場規模は、人材派遣5.1兆、求人広告＋職業紹介1.3兆円、業務請負1.5兆円となっていて、合計約8兆円の市場となっています。

　このうち最もパイの大きな人材派遣は多数の事業者が参入している状況ですが、2014年のシェアは、
1位リクルートホールディングス　7.4％（前年比＋0.3％）、
2位テンプホールディングス　5.3％（前年比＋0.3％）、
3位パソナグループ　2.6％
　となっています。

　人材派遣の市場規模は1999年から2008年にかけて1.5兆円→7.8兆円と5倍以上に急拡大しましたが、リーマンショック後には5兆円台まで減少しています。景気の急速な減速に加えて、民主党政権下で規制強化の動きが出たことも影響しているようです。

　2015年には、自民党のもとで労働者派遣法が再度改定される動きになりました。職種に関係なく派遣期間を3年で統一し、派遣期間が3年になった場合には、派遣会社が責任を持って派遣先に正社員として雇用してもらうことを交渉するか、他の派遣先を探すか、派遣会社が無期限で雇用するということが義務付けられるようになりました。

さらに、3年先に正社員で採用されるように派遣会社が責任を持って
キャリアアップの環境を提供することが義務化されました。派遣サービ
スを利用する企業側からは、ルールがわかりやすく明確化されて派遣が
使いやすくなると歓迎の声が多いようです。

一方、派遣会社とすれば、派遣スタッフのキャリアアップなどの責任
がだいぶ重くなるということで、体力のない事業者にとってはかなり厳
しいルール改正ということのようです。こうしたハードルを越えて勝ち
残れる人材派遣会社は、人材を育ててマネジメントしていくという「人
事部代行会社」的な役割として発展していく可能性があります。

また、企業にとって人材は、今後貴重な経営資源になっていきますの
で、人材を採用するためのコストは一段と上がっていく可能性がありま
す。そうした意味で、求人広告や人材紹介（職業紹介）などのビジネス
は収益機会が広がる可能性がありそうです。

人材関連の需要は、短期的には景気によって大きく左右されて、関連
の会社の株価もそれによって大きく上下動する傾向があります。中長期
投資を考えるのであれば、銘柄を選別した上で、景気拡大が続いて株価
がだいぶ高くなっているところは避けて、景気が悪化して株価が大きく
下落しているような場面を狙いたいところです。

リクルートは2020年に
人材会社世界一を目指す

人材ビジネスで圧倒的なトップ企業はリクルートホールディングスで
す。**リクルートホールディングス（6098）**は、人材ビジネスと販売
促進ビジネスが事業の2本柱です。人材ビジネスは国内外合わせて売上
高約1兆円、販促メディア事業売上高約3300億円です（いずれも2015
年3月期、以下同様）。

2015年現在、世界の人材ビジネスのトップは、スイスのアデコであ
りその売上高は約2.5兆円、リクルートホールディングスの人材ビジネ

スの売上高は約1兆円で世界5位です。リクルートホールディングスは2020年までに人材ビジネスで世界1位になることを目指しています。同社はその目標を達成するために2014年に株式市場に上場して資金調達し、銀行借り入れなども含めて「7000億円程度の投資資金のメドがついた」として海外でのM&Aを積極化しています。

リクルートホールディングスは人材ビジネスとしては求人広告、人材紹介、人材派遣を行っています。すでに述べたように、人材派遣は国内で圧倒的なトップシェアで、国内外合わせて売上高約6800億円と、全社的な売上高の半分を占めます。

求人広告と人材紹介を合わせた人材メディア事業は、約3000億円の売上高ですが、利益は人材派遣事業の2倍程度を稼ぐ高収益部門です。特に求人広告は創業ビジネスであり、現在でも就活情報の「リクナビ」、転職情報の「リクナビＮＥＸＴ」、「とらばーゆ」、アルバイト情報の「タウンワーク」、「ＦｒｏｍＡ　ｎａｖｉ」などの有力媒体を抱えており、圧倒的な強さを誇ります。

図表3-15 リクルートホールディングス（6098）の月足チャート

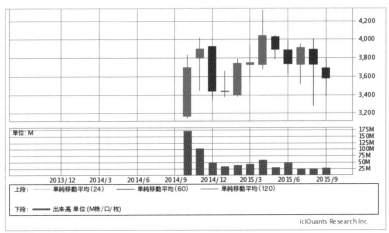

ＳＢＩ証券サイト画面より

販促メディア事業は、売上高約3300億円と全売上の4分の1程度ですが利益は2分の1程度稼ぐ高収益部門です。同事業は結婚情報「ゼクシィ」、旅行情報「じゃらん」、飲食店情報「ホットペッパーグルメ」、美容室情報「ホットペッパービューティー」、住宅情報「ＳＵＵＭＯ」など多数の有力媒体を誇ります。

　さらに、飲食店の会計業務を簡素化・低コスト化できる「Ａｉｒレジ」や美容室の会計や予約などを自動化できる「サロンボード」など有力な販促ツールも強みになっています。

　テンプホールディングス（2181）は人材業界2位。人材派遣のテンプスタッフを中核にＭ＆Ａで売上高を拡大して、2015年現在は特定派遣（派遣会社の正社員の派遣）、業務請負（アウトソーシング）なども手掛け、アルバイト情報の「ａｎ」、転職情報の「ＤＯＤＡ」などの有力媒体も持ちます。

　業界3位の**パソナグループ（2168）**も買収戦略で勢力拡大を急いでいます。社内ベンチャーから成長した福利厚生代行事業の**ベネフィット・ワン（2412）**は業界トップクラスに成長し、今や親会社の収益を超える稼ぎ頭となっています。

　メイテック（9744）は製造業向けの技術者派遣の最大手で自社の正社員を派遣しています。製造業の業界は特に景気変動が激しく、製造業向けの派遣ビジネスはその大きな変動に耐えなければなりません。

　また、最近では新規参入も増えて競争が激しくなっていて、メイテックの業績は2006年3月期をピークにあまりさえない状況となっています。技術者派遣の会社としては**アルプス技研（4641）**、**ヒップ（2136）**、**アルトナー（2163）**などが伸びてきています。

　その他、**エス・エム・エス（2175）**は介護・医療に特化した人材紹介、**ＷＤＢホールディングス（2475）**は理系研究職の派遣、**夢真ホールディングス（2362）**は工事現場の施工監理技術者派遣などを手掛けています。各分野とも人手不足が深刻であり、その中で業績を伸ばしているところです。

paragraph-10

注目テーマ⑧
ロボット産業

安倍政権は2020年に向けた成長戦略の一環として「ロボット新戦略」を打ち出した。ロボット産業は次世代の重要産業として主要各国ともに強力な推進策を打ち出している。その中で特にどんな分野、どんな企業が有望なのかを探ろう。

サービス用ロボットは20倍の成長を目指す

ロボット産業の促進は、政府が成長戦略として掲げているだけでなく、将来的な人手不足解消の切り札でもあります。そうしたことから、ロボット産業を重視する方針は、政権が代わっても変わらないでしょう。

ロボットといえば、これまでは製造業の工場で使われるのが主な用途であり、この産業用ロボットでは日本は世界で5割程度のシェアを誇るロボット大国です。その強みを生かして、政府は2020年には産業用ロボットを6000億円→1.2兆円と現状の2倍、サービス用ロボットを600億円→1.2兆円と現状の20倍にする、という目標を掲げています。

このように、日本の得意な産業用ロボットの分野を伸ばすことはもちろん、今後はサービス用ロボットを飛躍的に伸ばすことが戦略の柱になっています。サービス用とは、飲食業・小売業などサービス業用の他、介護・医療用、インフラ・災害対応・建設用、農林水産業用などです。

ファナックは世界一のロボットメーカー

日本が強みとする産業用ロボットの2強はファナックと安川電機です。スイスのＡＢＢ、ドイツのクーカを含めた4社が産業用ロボットの世界4強といわれています。

ファナック（6954）は、産業用ロボットで20%以上、工作機械の頭脳部分であるＮＣ装置で約50%、スマートフォンの筐体を磨くロボ

ドリルで約80％もの世界シェアを持ち、売上高営業利益率は40％近くという日本屈指の高収益企業です。

高収益の秘密は、高い技術力に加えて、「ロボットがロボットを生み出している」と言われているその工場にあります。同社はなんと製造工程の80％を機械やロボットなどで自動化していて、「配線以外はほとんど自動化している状態」だということです。そのため従業員1人当たりの生産性は極めて高く、平均給与は約1000万円と日本の平均給与の2倍以上を実現しています。ファナック自ら日本の将来の製造業の姿を示しているといえます。

ファナックは将来にも布石を打っています。日本のＡＩ（人工知能）研究のトップとされるベンチャー企業のプリファードネットワークスに資本参加して、ＡＩを備えたロボット開発で提携しました。それによって自分で学習し、連携し、不具合なども自分で発見して補う、ということが可能な究極のロボットの開発を目指すということです。

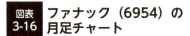

図表3-16 ファナック（6954）の月足チャート

ＳＢＩ証券サイト画面より

安川電機（6506）は、産業用ロボットで世界４強の一角であり、工作機械や産業用ロボットの主要デバイスであるＡＣサーボモーターやインバーター（可変速制御装置）で世界トップシェアです。

ロボット関連事業を中心に再生可能エネルギー関連と医療・介護を合わせた３分野を柱と位置づけて、2025年度に売上高を2015年3月期の4002億円の２倍以上となる8700億円に引き上げる計画です。売上高営業利益率10％以上、営業利益1000億円以上を目標としています。

同社は自動車製造用ロボットに強くて売上高の７割を自動車製造用ロボットが占めているのですが、現在は介護・医療用など別用途のロボット開発も進め、自動車製造用以外のロボットを現在の約３割から将来的に５割に引き上げる計画です。

介護・医療用の成長に向けた戦略はすでに動き出しています。2015年6月には、脊髄損傷患者向けの歩行アシスト装置「ＲｅＷａｌｋ」（リウォーク）を発売しました。これは脚の外側を覆う形状のロボットで下半身がまひしている人が装着して訓練すると歩けるようになるというものです。開発したイスラエルのベンチャー企業と資本・業務提携して中国やタイなどのアジアや日本で独占販売権を取得しました。

2015年8月には脳卒中の後遺症でまひした腕の回復に使うリハビリ支援装置「前腕回内回外訓練装置」を鹿児島大学などと共同で開発したと発表しました。

さらに、寝たきりの人などをベッドから車いすに移動しやすくする「移乗アシスト装置」の開発も進めています。北九州市内など11ヵ所の介護施設で実証試験を続け2016年度の製品化を目指しています。

また、中国家電大手の美的集団と産業ロボットや介護・リハビリ向けロボットをそれぞれ展開する合弁会社を設立し、人件費高騰で高まっている工場の自動化のニーズや、来る高齢化社会で高まると予想される介護向けロボット需要を取り込む戦略です。

国内外で増える介護・医療ロボットへの需要

　介護分野は特に人手不足が深刻でロボット導入が求められますが、政府では2020年までにこの分野で500億円程度の市場創造を目指しています。また、介護・医療向けロボットの世界市場は2012年に約5000億円だったものが2020年までに1兆5000億円程度に増えると予想されています。

　この分野については国内外でベンチャー企業による新製品開発が盛んに行われていますが、日本では筑波大学発ベンチャー企業の**CYBERDYNE（7779）**が装着用ロボット「ＨＡＬ」を開発して注目されています。

　ＨＡＬは脳卒中の後遺症などで手足が動かせない人の動作を補助するロボットで、体を動かそうとする時に脳が発する信号を読み取り作動する仕組みを持った画期的なロボットです。2013年6月に欧州で医療機器として承認を受けたのに続き、2016年春頃までにはアメリカからも医療機器として承認されそうです。

　その他にも医療・介護ロボット分野には、安川電機のように大手の産業機械メーカー、ロボットメーカー、電機メーカーなどの参入も相次いでいます。

世界的に急拡大しそうなインフラ点検ロボット

　インフラ関連のロボット市場の将来性も高そうです。

　経済産業省によるとインフラ点検にかかわる世界のロボットの市場規模は2015年の約50億円から2030年には2兆円もの市場になる予測です。政府はこの世界市場の3割のシェアを握る目標を掲げています。

　インフラ点検ロボットの産業を促進するために、政府は橋やトンネルなど公共インフラの点検の規制見直しを進めています。現状、橋やトン

ネルの定期点検では人間が高いところに登って目視で亀裂がないか確認したり、設備表面を金づちでたたいて音で確かめたりしています。

しかし、こうした作業にはかなりコストもかかりますし、人体への危険も伴います。

また、老朽インフラの点検が増える中で技術者不足も深刻になっています。そこで、インフラ点検ロボットの技術を一段と開発しながら、規制緩和することでロボットによる点検作業を普及させ、この産業を育てようとしています。

具体的には、こうした作業をカメラ搭載型のドローンや集音器付きのロボットに切り替えることを想定しているようです。ダムの点検には潜水士が水中に潜ってコンクリートの劣化を調べる代わりに、水中撮影ができる専用ロボットによる代替を促進していく方針です。

パナソニック（6752）はダムの壁面を点検する水中ロボットを開発中ですし、介護用ロボットの開発などにも力を入れています。その他、ＮＥＣや富士通はトンネル、橋の点検に使うドローンの開発を進めています。

建設現場もロボット化が進む

インフラ作りや建設現場のロボット化については、**コマツ（6301）**が建設機械や鉱山機械のロボット化を進めています。

コマツはこれまで全地球測位システム（ＧＰＳ）を活用して顧客の全ての建設機械の状態を管理するシステム「コムトラックス」を開発・運用してきましたが、それをさらに推し進め2008年には鉱山で決められたルートを効率よく走行する超大型ダンプトラックの無人運行システムを実現、2013〜2014年には運転要員はいるものの整地や掘削などを自動化したブルドーザーとショベルを導入して初心者でも複雑な作業を可能にするなど建機・鉱山機械のロボット化を進めてきました。

さらに、2015年現在は自動運転車両やロボットなどを開発するベンチャー企業ＺＭＰに出資し技術を取り込み、無人で動く次世代の建設機

械の開発を目指しています。ＺＭＰは認識やセンサーなどの技術に優れ名古屋大学と公道実験に乗り出すなど自動運転車両の開発を進めている企業です。そうしたＺＭＰの運転技術とコマツの建機の制御ノウハウを融合させて、複雑な工事現場でも基本操作も人に頼らないで完全無人運転の建機や鉱山機械の開発を目指しています。

　コマツは、その他にも2015年2月から、自動建機のほか、無人ヘリコプターやクラウドなどのＩＴ（情報技術）を活用して、建設現場の生産性や安全性を向上させる新サービスを始めました。

図表3-17 コマツ（6301）の月足チャート

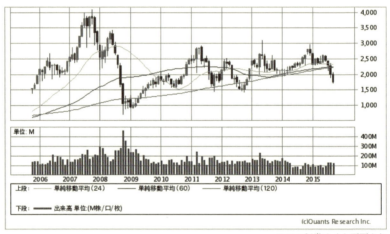

ＳＢＩ証券サイト画面より

paragraph-11

注目テーマ⑨
インフラ輸出

　ここまで国内中心に有望テーマを見てきたが、今度はグローバル化の流れの中での有望テーマについて考える。グローバル化の中で莫大な需要が起こるのはインフラだ。その需要を取り込める企業を探すポイントを見ていこう。

アジアだけで年間100兆円のインフラ需要

　90ページで述べたように、世界の人口は増加し続け、しかも、多くの人が先進国並みの豊かな生活を求めて活発な経済活動をして、中間層や富裕層が急速に増えています。

　そうした中で需要が大きく増え続けているのが鉄道、発電、水道などのインフラビジネスです。これらインフラビジネスはとても複雑で一度獲得した競争力はキープしやすく、世界の拡大する需要を享受しやすいといえます。特にアジアでは2020年まで年間100兆円前後という莫大な需要があるといわれています。

　政府は官民一体になってインフラの設計や整備、保守、点検を一体で受注する「パッケージ型インフラ輸出」を促進して、2020年までにインフラ輸出額を2010年の3倍の30兆円にすることを目標に掲げています。また、政府は国際協力機構（JICA）がアジア開発銀行（ADB）と連携して民間企業のインフラ投資をサポートし今後5年間でアジアに1100億ドル（約13兆円）を投じて民間マネーの呼び水としようとしています。

　インフラ市場でも鉄道は2019年に25兆円規模が見込まれる大きな市場であり、日本も力を入れています。

　現在、世界の鉄道ビッグ3といわれるのはカナダのボンバルディアとドイツのシーメンス、フランスのアルストムですが、そこに割って入り

ビッグ4を目指しているのが日立製作所です。

日立製作所（6501）はイギリスから高速鉄道車両で総事業費1兆円の受注を受けました。これは鉄道ビッグ3と競り勝っての超大型受注ということで話題になりました。

日立製作所はこれを足掛かりにヨーロッパでの鉄道事業拡大に本腰を入れるべく、イギリスに鉄道車両工場を作って2016年から本格稼働します。また、イタリアの防衛・航空大手フィンメカニカの鉄道事業買収も鉄道ビッグ3に競り勝って成功させました。このように事業基盤を強化した上でヨーロッパでの受注活動を活発化し、欧州事業を2020年度までに2014年度の2倍の1.6兆円に引き上げる計画です。

また、日立製作所は住友商事、三菱重工と組んでタイのバンコクから北と西に延びる2本の鉄道「レッドライン」の事業を1150億円強で受注しました。住友商事が全体をとりまとめ、日立製作所が車両、三菱重工が信号システムや変電設備を担当するということです。

三菱重工業（7011）も鉄道などのインフラに強く、海外の都市交通事業については日立製作所と提携しています。

この両者の提携に三菱商事も加わってカタールの首都ドーハで都市交通システムを約4000億円で受注しました。受注した都市交通とは無人運転の地下鉄で競技場など主要施設をつなぐ路線です。

中東の鉄道受注は歴史的に関係の深い欧州勢が先行し、ドーハの地下鉄もシーメンスやアルストムなどが競合していましたが、安全性能など日本企業が持つ技術力や信頼性も評価されての受注となりました。三菱重工と日立製作所は引き続き連携して、ドーハの実績を突破口にして他の中東諸国や東南アジアでの新規受注につなげることを狙います。

三菱重工業は2018年3月期までの経営計画の中で、鉄道などインフラ事業中心に4つの事業領域を重点的に強化していく方針です。

1つ目はエネルギー・環境分野で、売上高は2015年3月期から2018年3月期にかけて1兆5995億円→2兆円と拡大する計画です。発電シ

ステムはフランスに新会社を設立し、アフリカ・中東への発電プラント
を販売拡大します。

2つ目は交通・輸送分野で、同期間に5295億円→7000億円と拡大す
る計画。鉄道の他、初の国産ジェット機「ＭＲＪ」の量産準備なども行
う計画です。

3つ目の機械・設備システム分野では同時期に1兆3195億円→1兆
8000億円と拡大する計画。4つ目の防衛・宇宙分野では4839億円
→4000億円と水準をキープする計画となっています。

川崎重工業（7012）は、アメリカにおける鉄道車両シェアでボン
バルディアと首位争いをしています。ニューヨーク市地下鉄で最も多く
走る車両は川崎重工業製だそうです。そこで高い評価を得たことでワシ
ントンの地下鉄の受注も呼び込みました。現地に2つある工場はフル生
産で、「次の受注が決まればラインを増設する」ということです。

同社が次に狙うのは新幹線の輸出であり、カリフォルニア州では東日
本旅客鉄道（ＪＲ東日本）などと組み、入札への参加を表明しています。

ＪＲ東日本や東海旅客鉄道（ＪＲ東海）なども、日本での鉄道の運行
ノウハウや技術力をもって海外展開に積極的です。

ＪＲ東海（9022）は海外での新幹線やリニアモーターカーの売り
込みに積極的で、アメリカのテキサスの新幹線事業の実現を目指してい
ます。また、同社はリニアモーターカーの研究を長年続けて、リニア中
央新幹線は2027年の開業の予定となっていますが、リニアモーターカ
ーの海外への輸出も目指しています。

ＪＲ東日本（9020）は、インドネシアの鉄道会社に対して2013年
に埼京線で使用した車両を売却、その後も横浜線、南武線などで使用し
た車両も売却。それに伴う技術指導も行っています。

ＪＲ東日本は、これを皮切りに海外展開を積極化しています。タイ・
バンコクの北部を走るパープルラインの事業は東芝、丸紅と共同で事業

135

参画し2016年以降に運行開始予定ですが、ＪＲ東日本は10年間保守業務を請け負う契約になっています。

その他、先ほど述べたように川崎重工とともにカリフォルニアで開業予定の新幹線の事業に入札参加、さらに、インドのムンバイとアーメダバードを結ぶ高速鉄道の事業化調査、イギリスの高速鉄道計画でコンサルティング契約……など次々アクションを見せています。

ＪＲ東海、ＪＲ東日本とも日本国内の事業では抜群の安定感で成長を続けていますが、海外展開を軌道に乗せることによって成長の持続性が高められるかどうか注目されるところです。

エネルギー関連インフラも
日本の活躍が期待される

エネルギー関連のインフラは三菱重工などの製造業も得意ですが、商社もかなり力を入れています。

丸紅（8002）は、商社の中で電力事業が最大規模を誇ります。世界23ヵ国で発電事業を手掛け、出資比率に応じた発電容量の持ち分は1千万キロワット超と四国電力や北陸電力を上回ります。このうち4割を占めるアジアでの事業に強みを持っています。

2015年現在は、2020年稼働を目指してミャンマーで最新鋭の石炭火力発電所を建設し、タイに「越境送電」する計画を進めています。ミャンマーに建設する発電所の出力規模は、合計200万キロワットと原発2基分に相当。人件費、土地代、建設費の安いミャンマーで発電し、それを電力不足が続いて困っているタイに送電しようという壮大な計画です。これをきっかけに丸紅側は、「アジア全体の電力供給網を我々がつないでいきたい」と述べています。そして、丸紅はさらに、将来的には南米やアフリカへ電力事業を広げていくというビジョンを持っているようです。

その他、三菱商事もミャンマーで発電所建設を検討し、三井物産はマレーシアで最先端石炭火力発電の建設・運営に参画します。

paragraph-**12**

注目テーマ⑩
グローバル展開する小売り・飲食業

　最近は、日本の小売業や飲食業の海外進出も増えている。グローバル展開で業績を伸ばす小売業・飲食業はどんな会社なのか。その見極め方を考えよう。

小売り・飲食で世界展開に成功する条件

　少し前まで小売店や飲食店の世界展開というと欧米企業ばかりでしたが、日本企業でもようやくグローバル展開に成功する企業が出てきました。小売業や飲食業は、比較的敷居の低いビジネスであまりノウハウがなくても気軽に始められますが、それだけ競争も激しく、その中で利益を増やしていくということは難しいですし、ましてや国によって商習慣や人々の好みが違うというハードルを乗り越えて世界展開で成功するというのは、なかなか難しいことです。

　日本で成功した企業が海外に行ってもすぐに成功するケースというのは少ないです。上手くいくケースでも、だいたい5年程度は試行錯誤の期間があってやっと軌道に乗っていくというパターンが多いです。

　グローバル展開に成功する小売業や飲食業の企業というのは、

- **商品、サービス、価格、ブランド力などにおいて相当な強みを持っている**
- **それは、ライバルや新規参入者が一朝一夕では真似できないような複雑なノウハウの集積に支えられている**

などの条件を備えたところです。

　2015年現在の時点で、グローバル展開に成功して業績を伸ばしているのは、小売店ではユニクロ、無印良品などです。

　ファーストリテイリング（9983） が展開するユニクロは「ベーシックで品質の良い服を安く」というコンセプトに、保温、軽さ、着心地

などの基本的な機能を徹底的に追求して世界初の様々な機能の衣服を開発し、デザイン性も向上させ、その割に価格は非常に割安感があるということで、その人気が日本からアジア、ヨーロッパに広がっています。

良品計画（7453）の展開する無印良品は、華美なデザインを排除し、シンプルで機能的で何のブランドでもない、というユニークなコンセプトと、商品性の良さや価格の安さなどが受けて世界的に売上高が伸びています。

どちらの会社も10〜20年という年月をかけてブランドコンセプトや商品や店舗作り、さらに、企画・製造・販売などの効率的なオペレーションを磨いてきたことが強みになっています。

コンビニ3強の世界展開が本格軌道入り

日本初のユニークな業態として世界を席巻し始めているのがコンビニです。コンビニは正確にはアメリカで開発された業態ですが、イトーヨーカ堂がアメリカのセブン−イレブンを買収することで日本に持ち込み、その業態を40年以上磨き続けて現在のように高度に洗練された業態に磨き上げてきました。

激しい競争と淘汰の末に、セブン−イレブン、ローソン、ファミリーマートの上位3社にほぼ収れんされる動きになってきています。

コンビニの国内売上高は、2014年度には10兆円を超え、大手スーパーの食品、日用雑貨、化粧品の売上高（約9兆7500億円）を上回る水準まで拡大してきています。

また、コンビニは食品や日用品を買うだけでなく公共料金の支払い、銀行ＡＴＭ、コンサートや演劇のチケット発行などの機能も備え、私たちの生活に不可欠な社会インフラとなっています。

そして、最近では大手3社の世界展開も軌道に乗り加速してきています。その中で圧倒的なトップは、セブン＆アイ・ホールディングスの中核企業であるセブン−イレブンです。

セブン＆アイ・ホールディングス（3382）は、もともとはスーパ

138

ーマーケットのイトーヨーカ堂を中核とした企業でしたが、その子会社であるセブン‐イレブンが利益の大半を稼ぐ中核会社になりました。その他、傘下に百貨店のそごうと西武、ファミリーレストランのデニーズ、マタニティ・ベビー・キッズ用品の専門店である赤ちゃん本舗、通信販売のニッセンなど様々な会社を収めます。

2015年2月決算を見ると、営業利益3465億円のうち8割強の2767億円をセブン‐イレブンが稼ぐという状況になっています。

セブン‐イレブンの国内コンビニ業界のシェアは約40％。ローソン、ファミリーマートの2倍以上とダントツのトップ企業です。営業利益はローソンの705億円、ファミリーマートの404億円と比べるとずば抜けています。

コンビニの実力を見る上で重要な1店舗平均の日商（1日の売上高）は、セブン‐イレブンが66万円、ローソンが53万円、ファミリーマートが51万円、4位以下の大手チェーンは40万円台となっていて、やはりセブン‐イレブンの圧倒的な強さがわかります。

セブン‐イレブンは、お弁当などの商品の質にこだわり、専用のお弁当工場を作って、その周辺に集中的に出店するというドミナント方式の戦略を取っています。そのことによって、お弁当類の高い品質を保っていることが人気の秘密になっています。

さらに、1980年代に小売業界で初めてＰＯＳシステムを導入して商品管理の合理化で先行した他、公共料金の支払い、銀行ＡＴＭ、淹れたてコーヒー、セブンプレミアム（高級なプライベートブランド商品）、セブンゴールド（さらに高級なプライベートブランド）など次々と新しくて便利な商品・サービスを導入していきました。

セブン‐イレブンの2015年6月の国内店舗数は1万7799店舗で毎年1000店舗近いペースの増加が続いています。チェーン全体の売上高は4兆円強です

アメリカのセブン‐イレブンはスクラップアンドビルドを進めて収益性を高めながら拡大しているところで、現在店舗数は日本の約半分の8109店舗（2014年12月現在）で、チェーン全体の売上高は2.8兆円。

営業利益は約596億円と前年比17%近い伸びとなり、2015年12月期も23%増の732億円と拡大する予想です。その他、タイ8469店舗、韓国7484店舗、台湾5022店舗など海外店舗は約3万8000店舗と日本国内の2倍以上となっています。

さらに、セブン＆アイ・ホールディングスは、セブン‐イレブンを中心として2015年10月にオムニチャネル戦略を本格的にスタートします。オムニチャネル戦略とは、リアルな店舗とインターネットを融合させた戦略ということで、同社は「第二の創業」というほど力を入れています。

具体的には、2015年10月に新しいインターネットショッピングサイトを立ち上げて、そこでは百貨店も含めたグループが総力を挙げて品ぞろえして、それをネットで注文を受けてコンビニで渡したり、コンビニから配達したり、コンビニで返品や返金にも応じる仕組みです。

また、コンビニは商品を受け取るだけでなく、店舗においてあるタブレットをカタログ替わりにして店員が注文を聞いて発注する営業拠点にもなります。このようにインターネットの利用が苦手な人にも対応する体制となっています。このオムニチャネル戦略がどこまで成功するかが海外戦略とともに、セブン＆アイ・ホールディングスの今後の成長性を占う上での大きな注目点となります。

また、子会社で通信販売大手のニッセンホールディングス（8248）は、2015年現在は業績と株価が低迷していますが、オムニチャネル戦略の中では重要な存在であるということで、人員削減や赤字事業撤退などの大幅なリストラを敢行しています。このニッセンホールディングスの復活があるかどうかも注目されるところです。

ローソンとファミリーマートは、セブン‐イレブンには売上高・利益面ともにかなり水をあけられていますが、それでも日本のコンビニ業界における熾烈な競争を潜り抜けてきた勝ち残り組で、高収益、高成長を体現している企業であることに変わりはありません。両者とも海外展開も順調に拡大しているところです。

ローソン（2651）は、国内シェア約20%です。「マチの健康ステーション」というスローガンを打ち出し、糖質が少なく食物繊維、鉄分、

カルシウムなどが豊富な「ブランパン」、特定保健用食品の許可を受けた「食物繊維入りそば」、安心・安全で栄養豊富な中嶋農法で生産されたカット野菜などこだわりの健康商品を展開しています。

また、薬局を併設した店舗も増やしています。

そして、さらに健康志向を強めた「ナチュラルローソン」や、生鮮食料品もそろえて低価格志向の「ローソンストア100」など新業態も開発して展開しています。また、店舗の端末を使ったチケットの取り扱いが業界トップクラスです。

海外展開としては、2015年2月期末は店舗数が前期比2割ほど増加して483となり高成長トレンドが続いています。

ファミリーマート（8028）は、アジア戦略に積極的でセブン‐イレブンを猛追しています。2015年2月現在、台湾で2952店舗、中国で1306店舗、タイで1193店舗、ベトナムで71店舗、フィリピンで91店舗、インドネシアで21店舗などとなっています。

また、ファミリーマートは業界4位のサークルKサンクスを傘下に持つユニーグループ・ホールディングスと経営統合することになり、コンビニの店舗数としてはセブン‐イレブンにほぼ並ぶ勢力になります。

ちなみに、ローソンなどコンビニの業績を見ると、売上高の代わりに営業総収入という項目があります。コンビニ各社のようにフランチャイズ方式のビジネスの場合は、チェーン全体の売上高を決算の売上高にするのではなくて、フランチャイズ店から支払われる経営指導料を売上高として、これを決算上「営業総収入」と呼んでいます。

回転寿司も世界を目指す

外食ビジネスも、日本独自に複雑で高度な進化を遂げた業態は海外で勢力拡大できる可能性を秘めていると思われます。たとえば、回転寿司などは、その代表格といえます。

回転寿司は、寿司ロボットの導入を皮切りにどんどん自動化を進め、

最近では「回らない回転寿司」が拡大しています。回らない回転寿司というのは、客がタッチパネルで注文すると即座に寿司ロボットがお寿司を握って高速レーンでお寿司を届けるという形態の寿司店です。握りたてのおいしいお寿司が食べられ、お寿司の廃棄率も減らせるという利点があります。メニューも、寿司以外の食事やデザートのメニューなどバラエティに富んで顧客層も広がっています。

上場企業としては、**くらコーポレーション（2695）** がトップで、最先端のシステムやメニューの導入をリードしています。2015年にはアメリカで8号店、9号店と出展し、30店舗まで広げていく方針です。また、台湾にも初出店を果たしました。

元気寿司（9828） は、回らない回転寿司の「魚べい」の人気が広がって売上高が拡大しています。また、海外展開も業界内では先行しています。2015年6月時点の店舗数は国内136店舗に対して、海外も136店舗となっています。海外事業はフランチャイズ方式で売上高は経営指導料による収入になりますが、同社海外事業の2015年3月期は売上高14％増、利益は39％増となり、国内事業をしのいで稼ぎ頭になっています。

回転寿司の店舗拡大や設備投資の拡大などが続くと、寿司ロボットで約5割のシェアを握る**鈴茂器工（6405）** など設備投資関連企業にも恩恵がありそうです。

図表 3-18　元気寿司（9828）の月足チャート

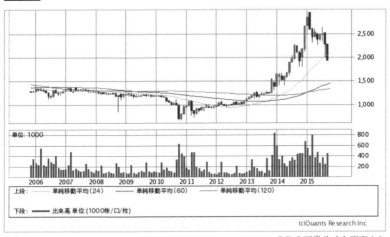

ＳＢＩ証券サイト画面より

paragraph-13

注目テーマ⑪
農業改革

　今後の日本の大きなテーマの一つとして農業の強化が挙げられ、国策としてもそれが大きなテーマとなっている。国の農業強化というテーマの中で活躍する会社を探そう。

岩盤規制が破れれば農業は一気に成長産業に

　中長期的に見れば貿易自由化の流れは、さらに強まっていく可能性が高く、日本の農業もますますグローバル競争にさらされていくことになります。一方で、国としては食糧の自給率を上げたいという事情もあります。そうしたことから農業の強化は国策になっていますが、そのために必要な企業の農業への参入がなかなか進みません。それは、岩盤ともいわれる規制が残っているからです。

　その岩盤規制というのは、企業が農地を所有できないという法律です。今の法律では、企業は基本的に農地を借りるしかありません。農業法人を通じて所有するという方法もありますが、農業法人に対する企業の出資は25％までという規制もあります。この企業の農地所有を制限する農地法が、企業の農業参入を阻んでいます。逆に言えば、この岩盤規制が解除されると、一気に農業への企業参入が進んで成長産業化していく可能性があります。その時には、投資家としても成長株を見出すチャンスになりそうです。

日本の農業の潜在力を引き出す企業

　日本の農林水産業の潜在力に目をつけて、それを引き出す形で成長している企業も出てきています。

　エー・ピーカンパニー（3175）は、地鶏料理中心の「塚田農場」と、魚介類中心の「四十八漁場」を主な業態とする飲食チェーンですが、農

144

業・漁業などの生産者から直接仕入れて朝とれた食材を夕方に料理として出すというビジネスモデルである点が特徴です。

農業や漁業の産地では、すごくおいしいのに流通に乗らないで埋もれている食材が多いそうです。それは、都市部であまり知られていなかったり、あるいは、従来の流通のルートでは消費者に届くまで鮮度が持たなかったりという事情によります。

エー・ピーカンパニーは、そうした埋もれた食材に目をつけて、自ら産地に常駐してそれらを掘り起こしたり、生産したりして、そうした食材を朝とって夕方には全国の店舗に直送して料理として出すというビジネスモデルです。

埋もれた食材を掘り起こして継続的に仕入れてもらうということによって、農業・漁業の生産者は新しい収入源が得られるようになるわけで、第一次産業の活性化につながります。

すでに94ページで紹介した企業ですが、**オイシックス（3182）**も従来の流通ルートを省いて農業生産者と消費者を直接結びつけるビジネスモデルであり、やる気のある農業生産者が良い農産物を求める消費者に販売する手段を提供する形で日本の農業の潜在性を引き出す役割をしているといえます。

第**4**章

財務分析で
その会社を詳しく点検する

paragraph-1

財務諸表分析で
わかること

良い会社かどうかを見極める際に、定性分析と並んで大事なのが財務分析。財務分析によって企業の質的な面にまで切り込める。

財務諸表で倒産リスクや収益の質もわかる

財務分析とは、資産、負債、収益、費用など財務データを使い数字的な分析をすることですが、それによって、

- **倒産するリスクはないか**
- **収益性（稼ぐ力）はどうか**
- **収益の持続性、将来性はどうか**
- **会社の資産の質はどうか、株の価値はどうか**

ということが確認できます。

1章で述べたように、現在、業績や財務面が良くなくても、定性面が良ければ、今後、業績や財務が改善していく可能性が高いです。

逆に現在、業績や財務面が良くても、定性面が悪ければ今後業績や財務面も悪化していく可能性もあります。

しかし、それでもやはり、会社の状態は数字面でもきちんと確認する必要があります。数字を丹念に分析していくことで、会社の定性的な面に気づいたり確認したりすることもできます。本章ではそのための基礎知識から、実例を使ったノウハウの伝授を目指します。

決算短信と有価証券報告書が重要

その会社の数字を把握する基本的な資料が、決算短信、あるいは有価証券報告書です。

決算短信は会社の決算発表の資料であり、有価証券報告書はその数日

後に発表される、より詳しい財務報告書です。

どちらの内容もほとんど変わりませんが、有価証券報告書の方がやや詳しく情報が掲載されています。ただし、決算短信の方が早く発表されますし1ページ目に概要がまとめられていて、有価証券報告書には掲載されていない「今期予想」なども掲載されています。

ですから、投資家としては**財務内容をざっと確認するなら決算短信、じっくり確認するなら有価証券報告書**、という使い分けをするといいでしょう。本書の事例研究では、この2つの資料を使い分けていきます。

これらの資料に出ている主な資料は、資産と負債の状況を記した「貸借対照表」、収益の状況を記した「損益計算書」、キャッシュの動きを示した「キャッシュ・フロー計算書」の3つであり、これらを財務諸表の主要3表といいます。

図表4-1 決算短信と有価証券報告書

決算短信	・リリースが早い ・最初に要約ページがある ・新年度予想が出ている
有価証券報告書	・決算短信よりも詳細な財務情報が掲載されている

図表4-2 財務諸表の主要3表

貸借対照表 （ＢＳ）	資産と負債の明細と合計金額が記されたもの。さらに、資産と負債の差額である純資産の明細も記されている。
損益計算書 （ＰＬ）	一定期間の収益を計算しているもの。売上高からスタートし、様々なコストを差し引いたり、本業以外の収益を加えていく形で税引き後の利益を計算する。
キャッシュ・フロー 計算書 （ＣＦ）	企業活動を営業活動（本業）、投資活動、財務活動の3つに分けて、それぞれの一定期間の現金収支を計算しているもの。

149

paragraph-2

決算短信の最初の
要約ページをチェックしよう

決算短信最初の要約ページは要点がよくまとまっている。まずは、このページをきちんと理解できるようにしよう。

①業績

一番下の業績予想と合わせて売上高、営業利益、経常利益の3年分の推移を確認しましょう。一番下の業績予想のEPS（1株当たり当期純利益）はPER計算に使う大事な数値です。

自己資本当期純利益率（ROE）、総資産経常利益率、売上高営業利益率は業種などによっても異なりますが、いずれも一般的に10％程度なら優秀。より詳しい情報は損益計算書を見ましょう。

②財政状態

一般的には**自己資本比率40％以上ならほとんど問題なし**。60％を超えると余分な金融資産をたくさん持っている可能性があるので、その分、自社株買い、増配、M&Aなどをする余地がある可能性も考えられます。より詳しい情報は貸借対照表を見ましょう。

③キャッシュ・フロー（CF）

営業活動によるキャッシュ・フロー（以下、営業CFと略す。投資CF、財務CFも同様）は黒字が望ましいですが、投資CFは赤字が普通です。営業CF＋投資CFをフリーCFといい、これは黒字が望ましいです。できれば2〜3年分の合計を比較しましょう。フリーCFが純利益と同じくらいだと理想的です。

財務CFは、主にお金を借りたり返済したりというお金の動きを示します。プラスはお金を借りたことを、マイナスはお金を返したことを示すことが多いです。詳細は、キャッシュ・フロー計算書を見ましょう。

150

図表 4-3 決算短信の1ページ目

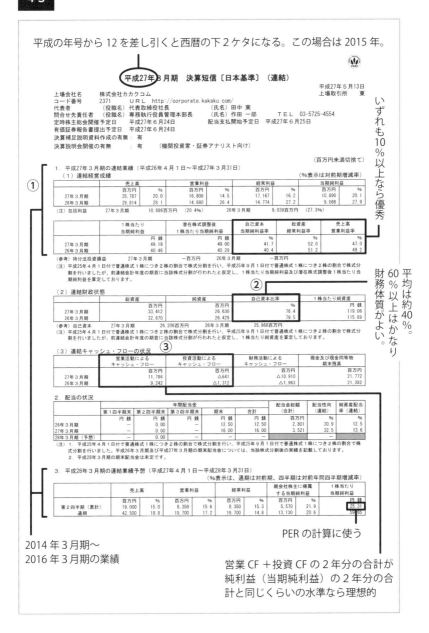

paragraph-**3**

貸借対照表の「資産の部」を見るポイント

貸借対照表は、「資産」、「負債」の状況について集計して計算したもの。まずは、「資産の部」について見ていこう。

流動資産は資金繰りに役立つ資産

資産の部は大きく**流動資産**と**固定資産**に分けられます。ごく簡単に言うと、現金に近い資産で資金繰りに役立つ資産が流動資産、現金化しづらくて中長期的に企業活動に役立つ資産が固定資産です。

やや詳しく言うと、流動資産は、「1年以内に現金化できるものか、営業循環の中で生じる資産」のことです。

現金はもちろん流動資産ですし、

・銀行の普通預金や当座預金
・1年以内に満期が来る定期預金
・株や債券など有価証券のうちいつでも売却可能なもの

などは、現金に近い性質の資産なので流動資産ということになります。

貸付金も、1年以内に返済してもらえる予定のものは流動資産に入ります。

営業循環とは

営業循環というのは、現金を使って仕入れたり製造したりすることで棚卸資産（在庫）という資産が生じ、その在庫を販売して受取手形・売掛金（販売代金の受取予定金額）という債権（請求権）が生じ、最後にその債権を回収して現金になる、という**本業の一連の循環プロセス**のことです。

この循環の中で生じる、棚卸資産、受取手形・売掛金は流動資産ということになります。

152

図表 4-4	貸借対照表「資産の部」の概要

流動資産	1年以内に現金化できるか、営業循環の中で生じる資産
現金・預金	預金は1年以内に満期になるか引き出せる分
受取手形・売掛金	提供した製品やサービスに対する代金の入金予定額
有価証券	株・債券など有価証券のうち1年以内に売却可能もしくは償還される分
棚卸資産	原材料、仕掛品（製造途中の製品）、製品などの在庫
前払金	事前に代金を支払い、これから製品・サービスが引き渡される予定の金額分
繰延税金資産	税金を前払いしたとみなされる金額で、将来の利益に対する税金を減らす効果のある資産
貸倒引当金	取引先の倒産などにより未回収になる可能性があると見積もった金額
固定資産	1年以内に現金化の予定がなく、営業サイクルの中で循環しているものでもない資産
有形固定資産	形があり、目に見える固定資産
建物	
機械	
土地	
建設仮勘定	建設中の設備
リース資産	リース契約しているが、事実上資産とみなされるもの
減価償却累計額	建物や機械などのうち、減価償却した累計金額
無形固定資産	目に見えない固定資産
のれん	買収した企業の価値のうち、純資産を超えると査定して支払った金額＝ブランド力、ノウハウ
特許権・商標権	法律上の権利。漁業権、鉱業権、借地権など
ソフトウェア	
投資その他の資産	
投資有価証券	有価証券のうち売却せず保有し続ける方針のもの
出資金	出資して得た株など売却せず保有し続ける方針のもの

153

図表 4-5 営業循環とは本業の一連の循環プロセス

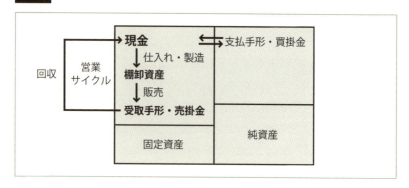

受取手形・売掛金とは、販売代金の入金予定金額のことです。受取手形という証書を出してもらうケースと、受取伝票にサインしてもらうだけの簡単な形式のケースがあります。売上に関して生じた債権（請求権）なので売上債権ともいいます。

受取手形・売掛金と逆の項目は、**支払手形・買掛金**ですが、これについては負債の部のところで説明します。

棚卸資産とは在庫のことですが、製品や商品だけでなく、仕掛品、原材料などを含みます。仕掛品というのは作りかけの製品のことです。

受取手形・売掛金も棚卸資産も、事業や資金の流れが順調かどうかを見る時の大きなポイントになる項目です。

受取手形・売掛金が不自然に大きくなっている場合には、無理な営業をしていたり、販売代金の回収が滞っていたり、という状態になっている可能性があります。業種にもよりますが、受取手形・売掛金は通常は年間売上の10％くらいまでで、大きくても25％くらいです。それを超えると、何か異常が起きている可能性が高まります。

棚卸資産があまりにも大きくなっている時には、予定通りに販売が伸びていない可能性がありますし、在庫が不良化している可能性もあります。棚卸資産については業種によりますが、通常は、年間売上高の25％くらいまでのケースが多いです。

設備類は毎年価値が落ちていく
（減価償却の話）

　固定資産は、流動資産以外のものであり、「1年以内に現金化できず、営業循環の中で生じるものでもない」というものです。先ほども説明したように、中長期にわたって事業に役立つ資産である固定資産は、**有形固定資産**、**無形固定資産**、**投資その他資産**に3分類されます。

　有形固定資産は形のある固定資産で土地、建物、設備などのことです。

　有形固定資産のうち、建物や機械などの設備類などについては、購入してから時間とともに年々価値が下がっていくので、帳簿上の評価も毎年下げていきます。こうした経理上の処理を**減価償却**といいます。

　毎年の減額分は「減価償却費」や「減価償却額」と呼ばれますが、これは、その年に事業を営む上で使用した設備代という意味合いがあります。実際に、損益計算する時にその年に使用したコストとして差し引く項目となります。現金の支払いを伴わないコストです。

　建物や機械などの設備類は、貸借対照表では、購入時の値段、減価償却累計額、その差額の3つが記載されるケースと、差額だけが「純額」として記載されるケースがあります。

図表 4-6　減価償却について

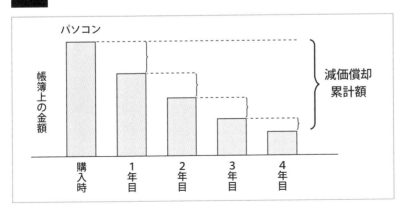

買収で発生する
「のれん」の処理で利益が変わる

　無形固定資産は形のない固定資産のことで、特許権や商標権などの権利、ソフトウェア、のれんなどの項目がありますが、形はないけど経済的な価値があって、それを持っていることで経済的なメリットが得られるものです。そして、売買もできるものです。

　のれんは、権利やソフトウェア以外の目に見えない会社の価値のことです。具体的には、ノウハウ、技術、ブランド力、顧客基盤などの価値のことです。基本的には、こうした「のれん」の価値というのは、貸借対照表には計上しないことになっています。それは、客観的にその価値を金額換算することが難しいからです。

　しかし、企業を買収した場合には、その会社の純資産に「のれん」の価値を加えた評価で買収金額を決めます。

　たとえば、2006年にソフトバンクがボーダフォン日本法人を買収した時には、約8000億円の純資産に対して、約1兆8000億円の金額で買収をしました。ソフトバンクはボーダフォン日本法人について、純資産の約8000億円の他に約1兆円の「のれん」の価値があると評価したことになります。具体的には、ボーダフォンの携帯電話通信会社としてのノウハウ、ブランド力、顧客基盤などが、そのくらいの価値があると評価したわけです。そうしたものをゼロから築き上げるには、莫大な費用と時間がかかります。ソフトバンクはそれらを1兆円という金額で買ったわけです。

　そして、ソフトバンクがボーダフォン日本法人を買収すると、約1兆円の「のれん」がソフトバンクの貸借対照表の資産の部の無形固定資産のところに計上されたのです。

　この「のれん」の処理方法については、日本の基準と国際会計基準では異なります。日本ではこれを20年以内に償却することが求められて

います。買収などの取引がなければ通常「のれん」を資産に計上することはないので、そのルールとの整合性を保つために、償却していくという処理をすることになっています。

しかし、「のれん」の価値は、建物や設備と違って年々価値が減っていく性質のものではありませんので、本来は「毎年償却する」ということとはなじみません。そこで、国際会計基準では、一度計上したのれんは、「毎年償却していく」ということをしません。

つまり、どの会計基準を採用するかによって、利益の計算が異なってしまうのです。ソフトバンクは2013年3月期まで国際会計基準を採用しておらず、ボーダフォン日本法人ののれん1兆円を20年かけて償却していく会計処理をしていて、年間500億円を営業利益の段階から差し引いていました。しかし、2014年3月期からは国際会計基準を採用したため、このコストを計上しなくなり、その分営業利益がアップしました。

しかし、この「のれん償却費」は設備の「減価償却費」とは違って、実体があるものではありません。もちろん、現金の出費もありません。ですから、のれん償却費を計上すると、それは営業利益をその分だけ実態よりも少ないものにしてしまいます。

それが、国際会計基準を採用したとたんに、のれんは償却する必要がなくなります。のれん償却費を計上しないで計算した営業利益や経常利益の方が、その会社の実際の収益力を表したものだといえます。

固定資産の最後は投資その他の資産ですが、これには長期的に保有している株や債券、出資金や定期預金などが入ります。

事例研究　リクルートホールディングス（6098）
のれん償却費がある場合の実質的な一株益を求める

2015年3月期のリクルートの決算短信の要約ページ（159ページ）とキャッシュ・フロー計算書の営業ＣＦ（160ページ）を見てください。

リクルートは企業買収を積極的にしているために、結構大きな「のれん償却費」を計上していますが、その実際の金額はキャッシュ・フロー計算書の営業ＣＦのところに出ています。この年のリクルートののれん償却額は約379億円でした。

　この年の同社の経常利益1256億円ですが、これは379億円ののれん償却費を差し引いたものです。しかし、「のれん償却費」は実質的にはコストではありませんので、リクルートの経常利益の実力値は1256億円＋379億円＝1635億円といえます。

　この決算期の当時の法人税率は約35％ですから、それを差し引いて残る金額が同社の本来の純利益といえます。つまり、本来の経常利益の金額に0.65倍をかければ計算できます。

　実際に計算すると、1635億円×0.65＝1063億円となり、これが同社の本来の純利益と考えられます。これは、実際の純利益697億円に対して、1.53倍です。ですから、ＥＰＳも決算短信に出ている127.79円の1.53倍の196円が実力値といえます。

　2016年3月期については、純利益650億円の予想ですが、のれん償却前当期純利益（純利益＋のれん償却額）が1125億円と注意書きに書いてあるので、この2つの差額の475億円がのれん償却額とわかります。この金額を元に、上と同じように計算すると、

　（経常利益1170億円＋のれん償却額475億円）×0.65 ＝ 1069億円

　　1069億円÷650億円×115.1円 ＝ 189円

　と、189円がＥＰＳの実力値といえます。

図表 4-7 リクルートホールディングス 2015年3月期決算短信 1ページ目「要約」

平成27年3月期　決算短信〔日本基準〕（連結）

平成27年5月13日

上場会社名	株式会社リクルートホールディングス	上場取引所	東
コード番号	6098	URL	http://www.recruit.jp
代表者	（役職名）代表取締役社長兼CEO	（氏名）峰岸 真澄	
問合せ先責任者	（役職名）取締役常務執行役員	（氏名）佐川 恵一	（TEL）03(6835)1111（代表）

定時株主総会開催予定日　平成27年6月17日　配当支払開始予定日　平成27年6月18日
有価証券報告書提出予定日　平成27年6月18日
決算補足説明資料作成の有無　：　有
決算説明会開催の有無　：　有（機関投資家・アナリスト向け）

（百万円未満切捨て）

1．平成27年3月期の連結業績（平成26年4月1日～平成27年3月31日）
（1）連結経営成績　　　　　　　　　　　　　　　　　　　　　　　（％表示は対前期増減率）

	売上高		営業利益		経常利益		当期純利益	
	百万円	％	百万円	％	百万円	％	百万円	％
27年3月期	1,299,930	9.1	122,499	4.3	125,617	2.9	69,702	6.5
26年3月期	1,191,567	13.6	117,438	△6.0	122,050	△4.8	65,421	△8.9

（注）包括利益　27年3月期　117,875百万円（3.1％）　26年3月期　114,324百万円（12.4％）

	1株当たり当期純利益	潜在株式調整後1株当たり当期純利益	自己資本当期純利益率	総資産経常利益率	売上高営業利益率
	円 銭	円 銭	％	％	％
27年3月期	127.79	127.68	10.8	12.8	9.4
26年3月期	126.64	126.64	12.3	14.6	9.9

EPS

（参考）持分法投資損益　27年3月期　―百万円　26年3月期　3,301百万円

当社は、平成26年7月31日付で普通株式1株につき10株の株式分割を行っております。前連結会計年度の期首に当該株式分割が行われたと仮定し、1株当たり当期純利益及び潜在株式調整後1株当たり当期純利益を算定しております。

（参考）EBITDA（営業利益＋減価償却費＋のれん償却額）　27年3月期　191,404百万円（6.0％）　26年3月期　180,647百万円（6.2％）
のれん償却前当期純利益（当期純利益＋のれん償却額）　27年3月期　107,584百万円（6.0％）　26年3月期　101,474百万円（4.7％）

（2）連結財政状態

	総資産	純資産	自己資本比率	1株当たり純資産
	百万円	百万円	％	円 銭
27年3月期	1,100,782	754,157	68.1	1,327.49
26年3月期	860,381	546,621	63.2	1,025.59

（参考）自己資本　27年3月期　749,628百万円　26年3月期　543,356百万円

当社は、平成26年7月31日付で普通株式1株につき10株の株式分割を行っております。前連結会計年度の期首に当該株式分割が行われたと仮定し、1株当たり純資産を算定しております。

（3）連結キャッシュ・フローの状況

	営業活動によるキャッシュ・フロー	投資活動によるキャッシュ・フロー	財務活動によるキャッシュ・フロー	現金及び現金同等物期末残高
	百万円	百万円	百万円	百万円
27年3月期	137,497	△80,358	62,580	313,197
26年3月期	126,127	△48,745	△92,923	187,153

2．配当の状況

	年間配当金					配当金総額（合計）	配当性向（連結）	純資産配当率（連結）
	第1四半期末	第2四半期末	第3四半期末	期末	合計			
	円 銭	円 銭	円 銭	円 銭	円 銭	百万円	％	％
26年3月期	―	0.00	―	260.00	260.00	13,774	20.5	2.8
27年3月期	―	0.00	―	47.00	47.00	26,540	36.8	4.0
28年3月期（予想）	―	0.00	―	50.00	50.00		43.4	

当社は、平成26年7月31日付で普通株式1株につき10株の株式分割を行っております。前連結会計年度の期首に当該株式分割が行われたと仮定した場合の平成26年3月期の年間配当金は26円00銭であります。

3．平成28年3月期の連結業績予想（平成27年4月1日～平成28年3月31日）

（％表示は対前期増減率）

	売上高		営業利益		経常利益		親会社株主に帰属する当期純利益		1株当たり当期純利益
	百万円	％	百万円	％	百万円	％	百万円	％	円 銭
通期	1,550,000	19.2	112,000	△8.6	117,000	△6.9	65,000	△6.7	115.10

（参考）EBITDA　28年3月期通期　201,000百万円（5.0％）
（注）のれん償却前当期純利益　28年3月期通期　112,500百万円（4.6％）
のれん償却前当期純利益（親会社株主に帰属する当期純利益＋のれん償却額）

2016年3月期に予想される純利益額

図表 4-8 リクルートホールディングス 2015年3月期決算短信「連結キャッシュ・フロー計算書」

株式会社リクルートホールディングス(6098) 平成27年3月期 決算短信

(4) 連結キャッシュ・フロー計算書

(単位：百万円)

	前連結会計年度 (自 平成25年4月1日 至 平成26年3月31日)	当連結会計年度 (自 平成26年4月1日 至 平成27年3月31日)
営業活動によるキャッシュ・フロー		
税金等調整前当期純利益	119,393	126,932
減価償却費	27,156	31,023
減損損失	1,252	481
のれん償却額	36,052	37,882
退職給付費用	—	393
貸倒引当金の増減額（△は減少）	△580	△1,368
賞与引当金の増減額（△は減少）	3,501	2,095
退職給付引当金の増減額（△は減少）	△22,307	—
労災補償引当金の増減額（△は減少）	592	250
退職給付に係る負債の増減額（△は減少）	22,037	△252
受取利息及び受取配当金	△1,869	△1,932
支払利息	1,066	599
為替差損益（△は益）	△46	592
持分法による投資損益（△は益）	△3,301	△3,215
株式公開費用	—	395
段階取得に係る差損益（△は益）	△134	△920
持分変動損益（△は益）	△231	△66
固定資産除却損	1,550	817
投資有価証券売却損益（△は益）	△112	△1,847
売上債権の増減額（△は増加）	△12,322	△25,140
仕入債務の増減額（△は減少）	17,961	24,148
その他	△2,684	1,565
小計	186,974	192,434
利息及び配当金の受取額	2,182	2,232
利息の支払額	△1,134	△610
法人税等の支払額又は還付額（△は支払）	△61,895	△56,559
営業活動によるキャッシュ・フロー	126,127	137,497
投資活動によるキャッシュ・フロー		
定期預金の預入による支出	—	△4,126
定期預金の払戻による収入	16	4,000
有形固定資産の取得による支出	△5,440	△6,695
無形固定資産の取得による支出	△22,074	△28,527
投資有価証券の取得による支出	△2,585	△7,480
投資有価証券の売却及び償還による収入	502	4,492
関係会社株式の取得による支出	△324	△1,573
関係会社株式の売却による収入	36	703
出資金の払込による支出	△1,018	△1,822
連結の範囲の変更を伴う子会社株式の取得による支出	△7,199	△33,520
連結の範囲の変更を伴う子会社株式の取得による収入	—	105
連結の範囲の変更を伴う子会社株式の売却による支出	—	△121
子会社株式の取得による支出	△8,408	△1,570
事業譲受による支出	△147	△125
短期貸付けによる支出	△1	△292
長期貸付金の回収による収入	75	169
その他	△2,175	△3,972
投資活動によるキャッシュ・フロー	△48,745	△80,358

paragraph-**4**

「負債の部」で 支払い予定を確認する

負債は支払い義務のこと。貸借対照表はそれをリストアップしたもの。その詳細を見ていこう。

流動負債は差し迫った支払い義務

負債も**流動負債**と**固定負債**と大きく２つに分けられます。比較的すぐに支払いが来るものが流動負債、支払いが来るまでに長い猶予があるものが固定負債です。

より正確には、「１年以内に支払期日が来るか、営業循環の中で生じる負債」が流動負債で、それ以外が固定負債です。

流動負債の項目としては、
- **１年以内に返済期日が来る借入金**
- **１年以内に償還期日が来る社債**

が挙げられます。

営業循環の中で生じる項目としては、支払手形・買掛金があります。これは、受取手形・売掛金の逆で、すでに受け取ったモノやサービスに対する支払予定金額です。

もう一つ、重要な負債項目に**引当金**があります。

これは、「過去の取引に起因して今後生じると予想される支払金額」です。たとえば、製品保証引当金というのは、販売した製品に対して付けている保証によって発生が予想される費用です。家電製品などはだいたい１年保証などを付けて販売しますが、一定の割合でその保証が行使されますし、その時に修理したり、交換する費用が発生します。そうした出費を、あらかじめ見積もって準備しておくのが製品保証引当金です。

その他、賞与引当金は、従業員に働いてもらった期間に応じて支払い

義務が生じている賞与の金額をあらかじめ見積もったものです。

　事業活動をしていると、その活動によって将来的に支払い可能性が生じるコストが発生します。その可能性が生じたところで引当金として認識しておくことによって健全な財務戦略を進めようという意図があります。

　固定負債は、借金、社債、引当金のうち、支払いの予定日が1年以上先のものとなります。

図表4-9　負債の部の概略

流動負債	1年以内もしくは営業循環の中で発生する支払い・返済の義務
支払手形・買掛金	品物やサービスの提供を先に受けて、これから支払期日が来る金額
短期借入金	1年以内に返済期日が来る借入金
未払費用	未払い分の費用
前受金	支払いを先に受けて、品物やサービスの引渡しが完了していない分の金額
未払法人税	未払い分の法人税
引当金	すでに完了した取引に関連して、今後支払い義務が生じる可能性が高いと見積もられる金額
繰延税金負債	繰延税金資産の真逆の性質の項目。利益に対して本来負担すべき税金のうち実際にまだ支払い義務が生じておらず、今後の利益に対する税額をアップさせる効果がある金額
固定負債	支払期日が1年以上先で、営業循環の中で発生するものでもない支払い・返済の義務
長期借入金	返済期限が1年より先の借入金
社債	償還期限が1年以上先の社債（会社が発行する債券で、借金と同じ性質のもの）
退職給付引当金	従業員のこれまでの労働に応じてすでに支払い義務が確定している将来の退職金

162

paragraph-5

純資産の部で
大切なのは3項目

純資産は資産から負債を差し引いたもので、純然たる資産といえるもの。その見方について学ぼう。

投資家の出資した元手と、
利益の蓄積でできている

「純資産の部」は図表4-10のように様々な項目に分かれます。

難しい項目が多いのですが、この中で大事なのは、**資本金**、**資本剰余金**、**利益剰余金**の3つです。

資本金と資本剰余金は投資家が出資したお金です。会社が株を発行して、その購入代金として会社に振り込まれたものであり、会社の事業の元手資金といえる部分です。

利益剰余金は、会社が稼いだお金のうち、配当しないで内部留保した金額です。設備投資や研究開発など、収益力をさらにアップさせることに使います。しかし、その多くを現金・預金などの形で保有している会社もあります。将来への投資のために使わなければ、配当や自社株買いの形で株主還元すべきお金です。

この利益剰余金は、本来配当すべきお金を留保しているという性質の項目なので、その年の純利益を超えて配当したり、自社株買いすることが可能な金額でもあり、その会社の配当能力を見る項目といえます。

自己株式というのは、自社株買いして保有している自社の株のことです。自社株を買うのに使った分だけ資産のキャッシュが減り、その分だけ純資産も減ります。そのことを示すために、保有している自己株式に相当する金額だけマイナス表示で示します。

自社株買いは、発行した株を買い戻すということであり、そのことを

163

通じて1株当たりの価値を高め株主に還元する行為です。いわば資金を株式市場や投資家に返すという行為です。純資産の部の「自己株式」というマイナスの項目は、そのことを示す項目でもあります。

　その他の項目は、あまり大きな金額になることは多くなく、重要度はそれほど大きくないといえるでしょう。

図表 4-10　純資産の部の概要

株主資本	株主に属すると考えられる純資産	自己資本
資本金	投資家が払い込んだ事業資金元手（厳密には、一部、自己株の売買などによる差益などを含む）	
資本剰余金		
利益剰余金	過去の利益を内部留保したもの	
自己株式	株主に払い戻したものとみなし、この金額分がマイナスの項目になる	
その他の包括利益累計額（評価・換算差額等）	有価証券、為替やヘッジ取引の価格変動による損益の累計	
その他有価証券評価差額金	その他有価証券の含み損益	
繰延ヘッジ損益	ヘッジ取引の含み損益。損益を計上するまで繰り延べている分の金額	
為替換算調整勘定	在外子会社などが、決算時の為替相場で換算される資産や負債の取得時の円表示価格との差額	
新株予約権	新株を買う権利を発行した時に、その購入価格として入金された金額分	
少数株主持分	100%子会社以外の子会社の純資産のうち、少数株主に属する資産分	

事例研究　神戸物産（3038）
資金繰りを確認する

　自己資本比率が低い場合などは、会社の安全性が気になるところです。この場合には、貸借対照表を確認してみましょう。具体的には、流動資産と流動負債を比べてみましょう。

　次ページにある神戸物産の2013年10月期本決算の決算短信の「要約」ページを見ると、2013年10月に経常利益は落ち込むものの売上高は拡大を続け、2014年10月には、経常利益も大幅に回復する見通しです。この当時の株価は2300円程度で予想ＥＰＳは434円なので、ＰＥＲは6倍程度とかなり低い水準でした。

　しかし、自己資本比率が18.3％と相当低い水準になっています。営業ＣＦは黒字ですが、投資ＣＦはだいぶ大きな赤字で、それを財務ＣＦの黒字で補っている様子がわかります。

　そこで、貸借対照表を見ると流動負債は191億円で、流動資産は518億円と流動負債の2.7倍程度あります。しかも、そのうち現金・預金が323億円で、これだけで流動負債191億円は全てまかなえてしまえますし、この状態なら資金繰りは心配なさそうです。

　なぜ、これほど手元に現金を多く持っていたかというと、良い買収案件があれば、どんどん買収していくためでした。同社は、農業、畜産業などの一次産業、食品加工など二次産業、そして、小売りなど三次産業を一気通貫で行うビジネスモデルを展開しており、「業務スーパー」というブランドで全国展開を加速しているところでした。先行投資がかさんで足元の経常利益は落ち込んでいるという状況でした。

　その後、同社の先行投資の成果が出て業績が拡大し、株価は2年で10倍以上に上昇しました。2013年当時のＰＥＲ6倍は非常にお買い得な水準だったといえたようです。

　ただ、固定負債で長期借入金が434億円もあります。今持っている現金で大きな投資をして失敗したら、この借金が経営を揺るがすリスクはあったことは確かで、その点は踏まえておくべきところです。

165

図表 4-11 神戸物産 2013年10月期決算短信 要約

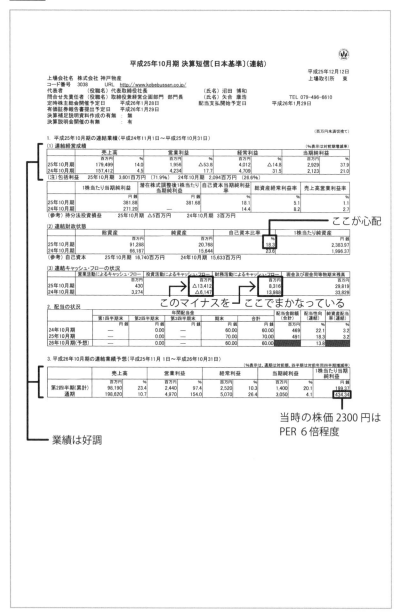

図表 4-12 神戸物産　貸借対照表（資産の部）

㈱神戸物産(3038)　平成25年10月期決算短信

４．連結財務諸表
（１）連結貸借対照表

（単位：千円）

	前連結会計年度 （平成24年10月31日）	当連結会計年度 （平成25年10月31日）
資産の部		
流動資産		
現金及び預金	36,107,404	32,334,287
受取手形及び売掛金	8,005,297	9,896,018
商品及び製品	3,662,175	5,060,449
仕掛品	686,668	662,931
原材料及び貯蔵品	458,552	783,795
繰延税金資産	219,189	528,342
その他	1,113,281	2,539,695
貸倒引当金	△528	△22,227
流動資産合計	50,252,041	51,783,290
固定資産		
有形固定資産		
建物及び構築物	6,301,751	24,896,251
減価償却累計額	△1,809,293	△14,568,676
建物及び構築物（純額）	4,492,458	10,327,574
機械装置及び運搬具	3,830,431	8,015,166
減価償却累計額	△1,635,954	△3,056,597
機械装置及び運搬具（純額）	2,194,477	4,958,569
土地	5,708,924	11,618,238
リース資産	11,085	126,284
減価償却累計額	△9,352	△85,129
リース資産（純額）	1,733	41,155
建設仮勘定	1,343,199	2,831,287
その他	1,154,302	4,303,993
減価償却累計額	△875,562	△3,741,745
その他（純額）	278,740	562,248
有形固定資産合計	14,019,533	30,339,072
無形固定資産		
のれん	－	111,988
その他	376,024	556,374
無形固定資産合計	376,024	668,362
投資その他の資産		
投資有価証券	486,079	1,086,507
長期貸付金	38,128	153,743
繰延税金資産	251,376	1,538,841
敷金及び保証金	58,135	4,544,779
その他	706,478	1,841,919
貸倒引当金	△2	△668,219
投資その他の資産合計	1,540,196	8,497,571
固定資産合計	15,935,755	39,505,007
資産合計	66,187,796	91,288,298

323億円

これだけで流動負債の191億円をまかなえる

9

図表 4-13 神戸物産 貸借対照表（負債の部）

流動負債は 191 億円

（単位：千円）

	前連結会計年度 （平成24年10月31日）	当連結会計年度 （平成25年10月31日）
負債の部		
流動負債		
買掛金	11,744,170	14,126,765
短期借入金	456,741	495,551
リース債務	770	18,424
未払法人税等	1,737,261	341,376
賞与引当金	86,081	181,290
資産除去債務	－	4,000
その他	1,375,583	3,977,454
流動負債合計	15,400,608	**19,144,862**
固定負債		
社債	－	1,311,048
長期借入金	31,016,936	**43,393,384**
リース債務	963	16,147
繰延税金負債	27,487	386,002
退職給付引当金	94,400	177,383
預り保証金	3,896,450	4,905,012
資産除去債務	70,520	1,069,037
その他	36,096	117,279
固定負債合計	35,142,854	51,375,295
負債合計	50,543,463	70,520,158
純資産の部		
株主資本		
資本金	64,000	64,000
資本剰余金	8,196,144	8,196,144
利益剰余金	9,155,375	11,614,535
自己株式	△1,083,320	△3,078,878
株主資本合計	16,332,199	16,795,800
その他の包括利益累計額		
その他有価証券評価差額金	9	△25,644
為替換算調整勘定	△699,093	△29,541
その他の包括利益累計額合計	△699,083	△55,185
新株予約権	11,218	28,188
少数株主持分	－	3,999,336
純資産合計	15,644,333	20,768,140
負債純資産合計	66,187,796	91,288,298

長期借入金は 434 億円

paragraph-6

損益計算書の見方

　損益計算書は集計された売上高からスタートして、そこから様々なコストが差し引かれたり、本業以外からの収益が加えられる形で利益が計算される。各項目を理解し、収益の質を分析する方法を学ぼう。

売上総利益も本業の調子を見る重要な項目

　売上高から売上原価が差し引かれて、**売上総利益**が計算されます。

　売上原価というのは、モノやサービスを用意するためにかかったコストのことで、仕入れや製造などの費用を含みます。売上総利益は商品そのものの儲けやすさを見る項目となります。

　売上総利益から販売費・一般管理費を引くと**営業利益**になります。

　販売費は販売に要する費用で、一般管理費は本部費用です。売上総利益からこれらの費用を引いた営業利益は、本業から生み出される利益という意味合いがあります。

　ただし、販売費や一般管理費には、その年の営業活動に必要な費用だけでなく、宣伝広告費、出店コスト、人員拡大のためのコスト、研究開発費など将来に布石を打つ投資的なコストも含まれます。ですから、そうした先行投資的な費用がたくさんかかった年には、事業そのものでは順調に稼げて、売上高も売上総利益も伸びているのに、営業利益が低迷する、ということもありえます。

　たとえば、売上高と売上総利益がそれぞれ1.2倍になっているのに、営業利益は前年比変わらずというケースでは、本業による収益は順調に伸びているのに将来への布石を積極的に打つことによって営業利益が停滞している可能性があります。そう判断できるケースでは、あまりネガティブに判断しなくてもいいのではないかと思われます。

図表 4-14 損益計算書の概要

売上高	
−	売上原価
売上総利益（粗利益）	
−	販売費及び一般管理費
営業利益	
＋	営業外収益
	受取利息
	受取配当金
	有価証券評価益
	有価証券売却益
	仕入割引
	為替差益
	持分法による投資利益
	不動産賃貸収入
−	営業外費用
	支払利息
	有価証券評価損
	有価証券売却損
	為替差損
	持分法による投資損失
経常利益	
＋	特別利益
−	特別損失
税金等調整前当期純利益（税引き前利益）	
	法人税、住民税及び事業税
	法人税等調整額
−	法人税等合計
少数株主損益調整前当期純利益	
−	少数株主利益
当期純利益	
＋	その他包括利益
包括利益	

経常利益のうち、
為替差益による伸びは一時的な要因

　営業利益に対して、営業外収益と営業外費用をプラスマイナスすると**経常利益**になります。

　営業外収益と営業外費用というのは、本業以外の継続的な営みからもたらされる収益や費用のことです。

　本業以外の継続的な営みというのは主に財務活動です。お金を運用して得られた収益や、支払った金利などのコストが営業外収益・営業外費用になります。受取金利・支払金利、受取配当などがその代表的なものです。

　持分法利益、持分法損失は持分法適用会社（子会社以外で連結対象となっている関連会社）からの利益の寄与分です。

　たとえば、20％の株式を保有している持分法適用会社が100億円の純利益を上げたとすると、その20％の20億円が持分法利益として経常利益の段階で加算されます。

　為替差損、為替差益は、すでに計上されている受取手形・売掛金や、支払手形・買掛金などの評価が変動してしまうことによって生じる差額です。これは、為替変動次第でプラスにもマイナスにもなる項目なので、企業の収益力のトレンドを見るには、ノイズともいえる項目です。

　通常はそれほど気にしなくていいですが、為替変動が大きくてこの項目が目立つほど大きくなっていれば、為替差損・為替差益によるプラスマイナスを除いて収益が増加トレンドなのかどうかを考えていく必要があります。

　たとえば、前期の経常利益が50億円で今期が70億円だとしても、為替差益が20億円であれば、収益トレンドとしては横ばいと考えられて、利益成長が続くかどうかには疑問符が付きます。

法定実効税率と税金負担率がずれるケース

そして、経常利益から特別利益と特別損失をプラスマイナスすると税引き前利益（税金等調整前当期純利益）となります。

そして、税引き前利益から税金を支払うと**当期純利益**になります。税金負担は「法人税、法人住民税・法人事業税」と「法人税等調整額」という項目の合計であり「法人税等合計」というように記載されています。

税率は2015年現在、約35%であり、残りが純利益ということになります。税引き後の残存率は65%、つまり、一般的には、税引き前利益の0.65倍が純利益になるということになります。

ただし、税金の負担率と、税引き後の残存率は、会社によっても異なります。

- **大きな繰越損がある**
- **大きな持分法利益が加わっている**
- **海外子会社の利益寄与が大きい**

というケースでは、税金の負担率は小さくなります。

大きな繰越損がある時には、当期の利益と相殺されて、課税対象が少なくなります。

持分法利益は、すでに税金を引かれた純利益から、持分に応じた寄与分を計算したものなので、この部分にはこれ以上税金がかかりません。ですから、持分法利益が大きいと税金のかからない利益が増えるということなので、全体の利益に対する税金負担率は下がるということになります。

欧州やアジアなど税率が低い国の海外子会社からの利益寄与が大きい場合にも、全体的な税金負担率を下げ、税引き後の残存率を上げます。

税金負担率が法定実効税率と差が出ている要因は、有価証券報告書の中で、「法定実効税率と税効果会計適用後の法人税等の負担率との差異

について」というような形で、その原因の内訳が示されています。

図表4－15はリクルートの2015年3月期の有価証券報告書より抜粋したものですが、2015年3月期は法定実効税率35.6％なのに対して、負担率は45％でした。そして、そのような差が出た要因が並べられていますが、「のれん等償却費」が10.6％だけ税金負担率を上げる要因になっていることがわかります。このリクルートの「のれん償却費」については、156ページ以降でも詳しく述べましたが、実際の出費も伴わず、経費としての性質もないもので、のれん償却費分だけ税引き前利益が減っても、その減った部分に対する税金は減らずに元のままなので、結果的に負担率が上がる要因になってしまったということです。

ここの分析はやや難易度が高いですが、税金負担率に関して分析が必要ならばここの部分を見てみましょう。

図表 4-15　税金負担率に関する情報

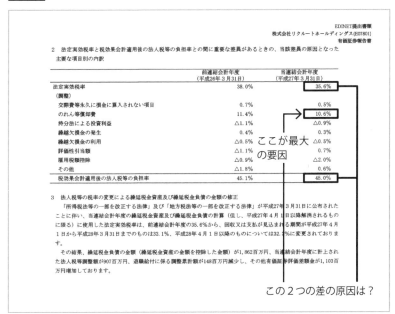

リクルートホールディングス 2015 年 3 月有価証券報告書より（93 ページ）

リクルートのケースでは、のれん償却費を計上しなければ、税金負担率は35％程度になるということです。

のれん償却費は、実質的にはコストといえるものではありません。実際に現金による支払いもありませんし、設備を使用したことによる減価償却費という性質のものでもありません。ですから、のれん償却費を足し戻して、「経常利益＋のれん償却費」が実質的な経常利益といえるということでした。そして、それに対する税金が35％ほどかかるので、経常利益＋のれん償却額に0.65をかけたものが実質的な純利益になると考えられるわけです。

実質的な税金負担と利益の残存率は、詳しく分析するのはなかなか難易度が高いところです。でも、大まかでいいので分析しておきたいところです。その時に大切なのは、法定実効税率から大きなずれがある場合、それが一時的な要因によるものか、恒久的な要因によるものか、ということです。

海外子会社や持分法利益などの要因は恒久的な要因なので、それによるずれは恒久的な要因として、ずれた数値をその会社の税金負担率と考えるべきです。

しかし、繰越損失などは一時的な要因なので、そのずれをないものとして税金負担率は35％程度と考えるべきです。

たとえば、経常利益100億円で、本来は税金35億円のところが、繰越損失があるために税金負担がゼロになっているとします。しかし、本来の税金額35億円を負担して65億円程度の純利益がその会社の実力だと考えるべきです。

少数株主利益、包括利益などについて

税金を引いた後に、少数株主利益という項目が差し引かれることがあります。

少数株主利益というのは、100％株を所有していない子会社に関して、

自社以外の株主に属する利益ということです。

たとえば、80％の株を所有している子会社が100億円純利益を上げたとします。子会社については、親会社と一心同体ということで全ての数字を連結していくのですが、このケースでは純利益を全額連結するのはおかしいです。その会社の20％は親会社以外の株主（少数株主）のものだからです。そこで、20％分の20億円については最後に少数株主利益として差し引くのです。

当期純利益の後には、包括利益が計算されています。これは、資産価格の変動なども考慮した利益ですが、会社の収益力を示すものとはいえないので、投資家としては当期純利益の段階まで見ておけばいいと思います。

事例研究　オイシックス（3182）
利益の質を検討する

オイシックスは野菜のネット販売のパイオニアです。農協に頼らずに高品質の野菜を売りたいという全国の農家と契約を結んで、有機栽培の野菜や、あまり知られていないけどおいしい野菜、機能性に優れた野菜などを、レシピなども付けてネット販売しています。

仕入れ先である契約農家の数と、購入者である会員数をどんどん増やして業績を拡大しているところです。

しかし、2015年3月期本決算を見ると、売上高は順調に伸びているのに、営業利益、経常利益はマイナスとなっていて、利益面は停滞している感じがします。それを受けて株価も低迷しています。

では、本当にこの会社の収益は厳しい状況なのか、少し詳しい分析をしてみましょう。

損益計算書で収益状況を詳しく見てみましょう。

2015年3月期の業績を前年と比較すると、売上高は159.1億円

175

→ 180.6億円と13.5％増加しています。

それに対して、営業利益と経常利益は減少しているわけですが、その前の段階の利益である売上総利益を見ると、76.1億円→86.1億円と13.1％増加していて、売上高に比べてそん色ありません。

売上総利益率（売上高に対する売上総利益の率）を見ると、前年度と当年度はそれぞれ47.8％、47.7％となっていてほぼ同じ水準です。同社の売上総利益率については、過去数年さかのぼってみても、だいたい47％台で安定しています。

つまり、同社は野菜を仕入れて、特に値引きすることなく、ほぼ一定の売上総利益率を保ちながら販売して売上高を伸ばしているということなので、健全な成長が続いているといえます。

では、どうして営業利益以下の段階の利益が減少してしまっているのでしょうか。

それは、販売費及び一般管理費が増加しているからです。前年から当年度にかけて、68.7億円→79.6億円と15.9％増加しています。売上高と同じ13.5％増加なら、9.3億円程度の増加だったはずですが、実際には10.9億円増加して、通常より1.6億円も販売費・一般管理費を多く使ったことになります。

有価証券報告書で販売費・一般管理費の詳細を見ると、販売促進費と荷造運賃発送費の2項目の増加が特に目立ちます。決算短信の定性情報にも、顧客獲得のための販売促進の活動や、物流センターの業務効率化などに力を入れたということが書いてあります。会員数増加も物流センター強化も、同社にとっては収益基盤を強化する重要な先行投資です。

売上総利益を見れば、野菜販売という本業の収益性は維持されていて、その上で将来に向けた基盤固めのために営業利益が圧迫されていたのであれば、それはポジティブに評価していいのではないでしょうか。順調にいくならば、そうした基盤固めは、やがて売上や営業利益の持続的な成長という形で現れてくる可能性があります。そうした成果が決算の数

図表 4-16 オイシックス　2015年3月期決算短信　最初のページ

平成27年3月期　決算短信〔日本基準〕（非連結）

平成27年5月12日

上場会社名　オイシックス株式会社　　　　　　　　　上場取引所　東
コード番号　3182　　　　　　　　　URL　http://www.oisix.com
代　表　者　(役職名)　代表取締役社長　　　　　　(氏名)　髙島 宏平
問合せ先責任者　(役職名)　取締役執行役員管理本部本部長　(氏名)　長谷川 哲也　　(TEL) 03 (5447) 2688
定時株主総会開催予定日　平成27年6月24日　　配当支払開始予定日　―
有価証券報告書提出予定日　平成27年6月25日
決算補足説明資料作成の有無　　　：有・無
決算説明会開催の有無　　　　　　：有・無　（機関投資家・アナリスト向け）

(百万円未満切捨て)

1．平成27年3月期の業績（平成26年4月1日～平成27年3月31日）
(1) 経営成績　　　　　　　　　　　　　　　　　　　　　　　　　　　(％表示は対前期増減率)

	売上高		営業利益		経常利益		当期純利益	
	百万円	％	百万円	％	百万円	％	百万円	％
27年3月期	18,060	13.5	648	△12.4	668	△13.8	347	△20.5
26年3月期	15,909	9.1	740	1.0	775	5.7	436	28.8

	1株当たり当期純利益	潜在株式調整後1株当たり当期純利益	自己資本当期純利益率	総資産経常利益率	売上高営業利益率
	円 銭	円 銭	％	％	％
27年3月期	59.74	54.51	9.7	11.1	3.6
26年3月期	78.27	68.20	14.1	14.9	4.7

(参考) 持分法投資損益　27年3月期　△6百万円　26年3月期　△49百万円

(2) 財政状態

	総資産	純資産	自己資本比率	1株当たり純資産
	百万円	百万円	％	円 銭
27年3月期	6,331	3,777	59.7	638.07
26年3月期	5,690	3,373	59.3	586.71

(参考) 自己資本　27年3月期　3,777百万円　26年3月期　3,373百万円

(3) キャッシュ・フローの状況

	営業活動によるキャッシュ・フロー	投資活動によるキャッシュ・フロー	財務活動によるキャッシュ・フロー	現金及び現金同等物期末残高
	百万円	百万円	百万円	百万円
27年3月期	515	△290	54	2,659
26年3月期	712	△388	95	2,378

2．配当の状況

	年間配当金					配当金総額(合計)	配当性向	純資産配当率
	第1四半期末	第2四半期末	第3四半期末	期末	合計			
	円 銭	円 銭	円 銭	円 銭	円 銭	百万円	％	％
27年3月期	―	0.00	―	0.00	0.00	―	―	―
26年3月期	―	0.00	―	0.00	0.00	―	―	―
28年3月期(予想)	―	0.00	―	0.00	0.00		―	

3．平成28年3月期の業績予想（平成27年4月1日～平成28年3月31日）
(％表示は、通期は対前期、四半期は対前年同四半期増減率)

	売上高		営業利益		経常利益		当期純利益		1株当たり当期純利益
	百万円	％	百万円	％	百万円	％	百万円	％	円 銭
第2四半期(累計)	9,300	11.2	250	178.6	260	158.8	160	186.3	26.97
通 期	20,000	10.7	750	15.6	770	15.1	480	38.2	80.90

──売上高は伸びているが営業利益は減少…。その原因を探ろう

字として表れてくれば、株価ももみ合いを抜けて上昇トレンドに入ってくる可能性は考えられます。

2015年3月時点のデータからは以上のような分析ができます。

図表 4-17	オイシックス　損益計算書

オイシックス株式会社（3182）平成27年3月期　決算短信〔日本基準〕（非連結）

（2）損益計算書

（単位：千円）

	前事業年度 （自　平成25年4月1日 至　平成26年3月31日）	当事業年度 （自　平成26年4月1日 至　平成27年3月31日）
売上高	15,909,475	18,060,465
売上原価		
商品期首たな卸高	188,807	239,239
製品期首たな卸高	－	14,261
当期商品仕入高	7,910,974	8,459,334
当期製品製造原価	451,863	1,018,874
合計	8,551,646	9,731,709
商品期末たな卸高	239,239	250,324
製品期末たな卸高	14,261	30,401
売上原価	8,298,145	9,450,983
売上総利益	7,611,329	8,609,481
販売費及び一般管理費	6,870,826	7,960,748
営業利益	740,503	648,733
営業外収益		
受取利息	415	438
受取補償金	17,923	9,855
資材リサイクル収入	4,188	4,956
その他	13,530	7,771
営業外収益合計	36,057	23,022
営業外費用		
支払利息	46	38
株式交付費	995	1,743
その他	163	1,262
営業外費用合計	1,206	3,044
経常利益	775,354	668,712
特別損失		
関係会社株式評価損	23,870	－
災害による損失	21,352	－
減損損失	4,158	113,369
特別損失合計	49,382	113,369
税引前当期純利益	725,971	555,342
法人税、住民税及び事業税	303,592	238,091
法人税等調整額	△14,499	△30,077
法人税等合計	289,092	208,014
当期純利益	436,879	347,327

ここは伸びてる → 売上総利益

ここが増えすぎ → 販売費及び一般管理費

その原因は？

図表 4-18	オイシックス　2015年3月期有価証券報告書より 販売費・一般管理費の内訳

販売費及び一般管理費のうち主要な費目及び金額は次のとおりであります。

	前事業年度 （自　平成25年4月1日 至　平成26年3月31日）	当事業年度 （自　平成26年4月1日 至　平成27年3月31日）
販売促進費	879,460千円	1,054,866千円
荷造運賃発送費	2,052,342	2,457,524
給料手当	864,804	977,532
雑給	584,619	611,490
外注費	510,737	677,163
支払手数料	393,024	483,579
貸倒引当金繰入額	65,732	80,922
ポイント引当金繰入額	43,240	23,395
減価償却費	123,298	155,851

この2項目の増加が目立つ

179

paragraph-7

キャッシュ・フロー計算書から
異変を読み取る

　キャッシュ・フロー計算書は、営業、投資、財務の３つの現金収支を
計算したもの。そこから会社の異変を読み取ろう。

営業ＣＦはプラス、
投資ＣＦはマイナスが普通

　キャッシュ・フロー計算書で計算しているキャッシュは現金同等物と
いって、現金と３ヵ月以内に現金化される預金のことです。貸借対照表
の「現金及び預金」は、１年以内に現金化される預金を含むので、それ
と正確には同じものではありませんが、ほぼ同じものを指します。

　営業ＣＦは、本業の活動で現金が増えているかどうかを見るものなの
で、これは当然プラスであることが望ましいです。

　営業ＣＦは売上で得たキャッシュから、経費などで支払ったキャッシ
ュを差し引いたものです。金利の支払いや税金の支払いなども含みます
が、設備関連の費用は含まれていません。設備関連の費用なども差し引
けば、損益計算書の純利益に相当する金額になります。

　設備関連についてのお金の出入りは、投資ＣＦで計算されます。

　投資ＣＦは設備や企業買収などの投資に関するキャッシュの収支です
が、通常はマイナスになります。

　企業の投資というのは、現状の事業を維持するための「更新費用」と
事業を拡張するための「先行投資」に分かれます。

　事業拡張しないとしても、現状維持のための更新費用がかかるものな
ので、通常、投資ＣＦはマイナスになるのです。

　投資活動で支払ったキャッシュのどのくらいが更新費用で、どのくら
いが先行投資なのかは、はっきり仕分けるのは難しいですが、その年の
減価償却費は既存の設備の価値が減少した分なので、その分がおおよそ
更新費用と考えられます。そして、減価償却費を超える投資分がおおよ

その先行投資分と考えられます。減価償却費は、キャッシュ・フロー計算書の営業ＣＦの項目で確認できます。

なお、投資ＣＦが黒字のケースもありますが、それは、設備や子会社を売却するなどリストラしているケースです。

営業ＣＦと投資ＣＦを加えたものを**フリーＣＦ（フリーキャッシュ・フロー）**といいます。通常、投資ＣＦは赤字ですから、「営業ＣＦから投資ＣＦの赤字を差し引いたものがフリーＣＦ」といった方がいいでしょう。

このフリーＣＦは、損益計算書の純利益に相当するものと考えられます。正確に言うと、その年にかかった設備投資費用は減価償却費と考えられるので、「営業ＣＦ－減価償却費」の方が純利益に近いものと考えられます。フリーＣＦは、先行投資分までマイナスしてしまっているといえます。しかし、先行投資も将来の費用であることには変わりないので、フリーＣＦは数年単位でまとめてみれば、純利益に相当する金額になるといえます。数年単位で合計してみて、純利益とフリーＣＦが同じくらいの水準になれば、資金の流れは順調で、企業は健康体である可能性が高いといえると思います。

フリーＣＦは、プラスであれば一般的には問題ありませんが、マイナスの場合には、より詳しく検討した方がいいでしょう。

財務活動は、営業活動や投資活動において足りない資金を調達する活動です。資金調達の方法には、主に銀行借り入れと新株発行があります。**財務ＣＦ**は、財務活動による現金収支のこと。借金で資金調達しても、増資で資金調達しても財務ＣＦはプラスになります。

一方、借金を返済したり、自社株買いをするとその分キャッシュが減りますから、キャッシュ・フローのマイナス要因になります。

業績好調で財務的にも余裕のある会社の場合には、この財務ＣＦはマイナスになる傾向があります。借金や増資などで資金調達する必要がなく、配当、自社株買い、借金返済などお金を支払うことが多いからです。

181

事例研究　江守グループホールディングス(9963)
営業ＣＦの異変を詳しく検討する

　同社は、化学製品、情報機器、機械類などを扱う商社である江守商事を中核会社とする持ち株会社です。

　図表4 - 19は同社の2014年3月期の決算短信であり、売上高、経常利益ともにかなり順調に拡大しているところでした。中国での事業展開が急速に拡大していることがその背景にありました。

　ところが、自己資本比率が22.1％とかなり低いことに加えて、営業ＣＦが2年連続でかなり大きな赤字になっている点が気になるところでした。

　フリーＣＦは2014年3月期がマイナス55.3億円、13年3月期がマイナス36.5億円、2年合計でマイナス91.8億円。

　純利益は2年合計で52.4億円でしたが、フリーＣＦはそれと真逆で、しかも、金額がかなり大きなマイナスということでした。

　キャッシュ・フロー計算書を見ると、営業ＣＦがどうしてそれほど大きなマイナスになったのか、その要因を探ることができます。

　図表4 - 20にその時のキャッシュ・フロー計算書を掲載したので見てください。

　キャッシュ・フロー計算書の営業ＣＦを計算するパートでは、損益計算書の税金等調整前当期純利益（税引き前利益）からスタートして、実際に現金を支払ってないのにコストとして差し引いたものは足し戻し（プラスし）、実際に現金を支払ったのにコストとして差し引いていないものはマイナスする、という形で計算しています。

　これを見ると、何が原因で営業ＣＦが増えているのか減っているのかがわかります。

　この営業ＣＦの計算書を見ると、**売上債権（受取手形・売掛金）の増減が大きなマイナス要因になっている**ことがわかります。つまり、受取手形・売掛金が積み上がってしまって（つまり、債権が回収できずに）、

182

図表 4-19 江守グループホールディングス
2014年3月期決算短信　最初のページ

平成26年3月期　決算短信〔日本基準〕（連結）

平成26年5月13日

上場会社名	江守グループホールディングス株式会社		上場取引所　東
コード番号	9963	URL http://www.emori.co.jp/	
代表者	（役職名）代表取締役社長	（氏名）江守　清隆	
問合せ先責任者	（役職名）常務取締役グループ管理部門担当	（氏名）揚原　安慶　TEL 0776-36-9963	
定時株主総会開催予定日	平成26年6月26日	配当支払開始予定日　平成26年6月10日	
有価証券報告書提出予定日	平成26年6月27日		
決算補足説明資料作成の有無	： 無		
決算説明会開催の有無	： 有　（アナリスト向け）		

（百万円未満切捨て）

1．平成26年3月期の連結業績（平成25年4月1日～平成26年3月31日）
（1）連結経営成績 （％表示は対前期増減率）

	売上高		営業利益		経常利益		当期純利益	
	百万円	％	百万円	％	百万円	％	百万円	％
26年3月期	219,187	51.5	5,743	79.0	5,410	80.0	3,323	73.2
25年3月期	144,675	24.0	3,209	18.6	3,005	20.1	1,919	13.6

（注）包括利益　26年3月期　7,485百万円（88.5％）　25年3月期　3,970百万円（191.8％）

	1株当たり当期純利益	潜在株式調整後1株当たり純利益	自己資本当期純利益率	総資産経常利益率	売上高営業利益率
	円　銭	円　銭	％	％	％
26年3月期	288.14	―	18.4	6.2	2.6
25年3月期	182.93	―	16.1	4.7	2.2

（参考）持分法投資損益　26年3月期　15百万円　25年3月期　9百万円

（2）連結財政状態

ここが低い

	総資産	純資産	自己資本比率	1株当たり純資産
	百万円	百万円	％	円　銭
26年3月期	102,152	22,571	22.1	1,827.26
25年3月期	71,664	14,420	19.0	1,300.87

（参考）自己資本　26年3月期　22,533百万円　25年3月期　13,648百万円

（3）連結キャッシュ・フローの状況

	営業活動によるキャッシュ・フロー	投資活動によるキャッシュ・フロー	財務活動によるキャッシュ・フロー	現金及び現金同等物期末残高
	百万円	百万円	百万円	百万円
26年3月期	△5,197	△330	12,038	15,115
25年3月期	△2,670	△975	3,511	7,406

大きなマイナスが続いているのも気になる

2．配当の状況

	年間配当金					配当金総額（合計）	配当性向（連結）	純資産配当率（連結）
	第1四半期末	第2四半期末	第3四半期末	期末	合計			
	円　銭	円　銭	円　銭	円　銭	円　銭	百万円	％	％
25年3月期	―	17.00	―	21.00	38.00	398	20.8	3.3
26年3月期	―	20.00	―	38.00	58.00	715	20.1	3.7
27年3月期（予想）	―	25.00	―	37.00	62.00		20.1	

3．平成27年3月期の連結業績予想（平成26年4月1日～平成27年3月31日）
（％表示は、通期は対前期、四半期は対前年同四半期増減率）

	売上高		営業利益		経常利益		当期純利益		1株当たり当期純利益
	百万円	％	百万円	％	百万円	％	百万円	％	円　銭
第2四半期（累計）	120,000	18.6	2,900	6.1	2,500	△3.3	1,500	△10.9	121.64
通期	260,000	18.6	6,500	13.2	5,900	9.1	3,800	14.3	308.15

業績は拡大しているが…

それでキャッシュが減っているということです。

　そこで、今度は貸借対照表を確認してみると、流動負債は625億円で、そのうち有利子負債は、短期借入金と1年以内返済予定の長期借入金を合わせて368億円です。

　それに対して、流動資産は922億円と流動負債を大きく上回っているので一見大丈夫そうな感じがします。

　しかし、流動資産の中身を見ると受取手形・売掛金が突出して大きくて、しかも急激に増えている点がかなり気になります。この受取手形・売掛金は流動資産の7割以上、資産の6割以上を占めています。

　同社の2014年3月期の1年間の売上高は2192億円で、受取手形・売掛金684億円をこの2192億円で割って12をかけると、3.7ヵ月分となります。受取手形・売掛金の金額は通常は、だいたい1ヵ月分程度までで、多くて3ヵ月程度です。3ヵ月でもかなり大きい方ですが、その3ヵ月も超えているので、かなり大きな受取手形・売掛金を抱えてしまっていることになります。しかも、これが急増しているので、受取手形・売掛金がどんどんたまってしまっている状況に思われます。

　この時の江守グループホールディングスは、中国事業に注力して急速に業績を伸ばしているところでしたが、こうした受取手形・売掛金の異様な増え方を見ると何か無理な営業活動をしているのではないか、と懸念されるところでした。

　そうしたところ、2014年10月20日に、通期の純利益予想を38億円→14億円と大幅に下方修正する発表をしました。原因は、受取手形・売掛金の一部が回収困難になっているということでした。この発表を受けて、株価は1700円台から1000円前後に急落。

　この後も、受取手形・売掛金の不良債権化がどんどん進み、2015年4月には経営破たんして、その後上場廃止となる結果となりました。

184

図表 4-20 江守グループホールディングス　決算短信
「連結キャッシュ・フロー計算書」

江守グループホールディングス㈱（9963）　平成26年3月期決算短信

（4）連結キャッシュ・フロー計算書

（単位：千円）

	前連結会計年度 （自　平成24年4月1日 至　平成25年3月31日）	当連結会計年度 （自　平成25年4月1日 至　平成26年3月31日）
営業活動によるキャッシュ・フロー		
税金等調整前当期純利益	3,220,760	5,390,632
減価償却費	321,933	252,120
貸倒引当金の増減額（△は減少）	△72,390	152,234
賞与引当金の増減額（△は減少）	△33,206	56,131
退職給付引当金の増減額（△は減少）	2,981	△29,063
退職給付に係る負債の増減額（△は減少）	―	31,445
受取利息及び受取配当金	△108,038	△135,679
支払利息	451,487	853,884
投資有価証券評価損益（△は益）	3,560	841
投資有価証券売却損益（△は益）	△637	△73
関係会社株式売却損益（△は益）		△33,251
有形固定資産除売却損益（△は益）	13,249	52,096
保険差益	△234,863	―
売上債権の増減額（△は増加）	△6,243,662	△15,828,979
たな卸資産の増減額（△は増加）	△299,540	1,610,926
仕入債務の増減額（△は減少）	2,461,628	1,554,274
その他	△1,732,401	2,829,920
小計	△2,249,139	△3,242,540
利息及び配当金の受取額	104,095	132,288
利息の支払額	△403,318	△843,463
保険金の受取額	824,284	―
法人税等の支払額	△946,594	△1,243,961
営業活動によるキャッシュ・フロー	△2,670,673	△5,197,677
投資活動によるキャッシュ・フロー		
投資有価証券の取得による支出	△84,148	△40,780
投資有価証券の売却による収入	1,625	74
有形及び無形固定資産の取得による支出	△915,078	△800,118
有形及び無形固定資産の売却による収入	1,434	78,173
連結の範囲の変更を伴う子会社株式の売却による収入		471,993
その他	20,233	△39,996
投資活動によるキャッシュ・フロー	△975,933	△330,654
財務活動によるキャッシュ・フロー		
短期借入金の純増減額（△は減少）	3,187,628	2,041,284
長期借入れによる収入	2,306,882	9,954,600
長期借入金の返済による支出	△1,606,715	△1,215,496
リース債務の返済による支出	△7,150	△18,884
株式の発行による収入		1,971,879
自己株式の取得による支出	△39	△231
配当金の支払額	△367,215	△466,963
少数株主への配当金の支払額	△1,950	△228,104
財務活動によるキャッシュ・フロー	3,511,440	12,038,082
現金及び現金同等物に係る換算差額	867,402	1,198,604
現金及び現金同等物の増減額（△は減少）	732,235	7,708,355
現金及び現金同等物の期首残高	6,674,625	7,406,860
現金及び現金同等物の期末残高	※7,406,860	※15,115,216

ここが大きなマイナス要因に

- 16 -

図表 4-21 江守グループホールディングス 決算短信 「資産の部」

江守グループホールディングス㈱（9963）　平成26年3月期決算短信

4．連結財務諸表
（1）連結貸借対照表

（単位：千円）

資産の部	前連結会計年度 （平成25年3月31日）	当連結会計年度 （平成26年3月31日）
流動資産		
現金及び預金	7,406,860	※2 15,115,216
受取手形及び売掛金	※7 43,281,528	※2 68,370,204
商品及び製品	6,827,516	5,683,739
仕掛品	112,253	247,481
原材料及び貯蔵品	90,628	32,803
前渡金	3,528,875	1,458,994
繰延税金資産	214,847	275,489
未収入金	571,816	1,054,834
その他	411,914	143,457
貸倒引当金	△9,743	△174,425
流動資産合計	62,436,498	92,207,796
固定資産		
有形固定資産		
建物及び構築物（純額）	※4 1,897,238	※4 1,729,424
機械装置及び運搬具（純額）	※4 572,922	※4 147,976
土地	※3 1,762,659	※3 1,738,363
リース資産（純額）	※4 8,837	※4 16,138
建設仮勘定	117,758	—
その他（純額）	※4 121,846	※4 132,571
有形固定資産合計	4,481,262	3,764,474
無形固定資産		
のれん	78,460	54,414
その他	558,377	785,781
無形固定資産合計	636,838	840,195
投資その他の資産		
投資有価証券	※1.※2 3,807,685	※1.※2 5,013,840
繰延税金資産	58,179	44,480
その他	266,539	307,344
貸倒引当金	△22,579	△25,880
投資その他の資産合計	4,109,824	5,339,785
固定資産合計	9,227,926	9,944,455
資産合計	71,664,424	102,152,251

ここがあまりに大きいし、急拡大している

この金額は十分だが中身は…

- 9 -

図表 4-22 江守グループホールディングス 決算短信「負債の部」

江守グループホールディングス㈱（9963）　平成26年3月期決算短信

(単位：千円)

	前連結会計年度 (平成25年3月31日)	当連結会計年度 (平成26年3月31日)
負債の部		
流動負債		
支払手形及び買掛金	※2,※7 17,236,612	※2 22,275,742
短期借入金	24,556,242	※2 30,843,914
1年内返済予定の長期借入金	1,051,038	5,926,689
リース債務	2,784	4,727
未払法人税等	473,386	1,031,396
賞与引当金	274,234	328,079
その他	1,460,313	2,086,754
流動負債合計	45,054,611	62,497,302
固定負債		
長期借入金	10,942,633	14,970,805
リース債務	5,184	11,565
繰延税金負債	1,014,011	1,738,794
再評価に係る繰延税金負債	※3 68,730	※3 208,396
退職給付引当金	40,096	―
役員退職慰労引当金	117,122	117,122
退職給付に係る負債		35,788
その他	1,200	1,200
固定負債合計	12,188,977	17,083,672
負債合計	57,243,588	79,580,975
純資産の部		
株主資本		
資本金	799,320	1,794,281
資本剰余金	1,023,620	2,018,581
利益剰余金	9,968,903	12,582,725
自己株式	△1,809	△2,040
株主資本合計	11,790,034	16,393,548
その他の包括利益累計額		
その他有価証券評価差額金	1,315,059	2,027,013
繰延ヘッジ損益	124	△376
土地再評価差額金	※3 125,422	※3 266,080
為替換算調整勘定	417,845	3,846,913
その他の包括利益累計額合計	1,858,452	6,139,631
少数株主持分	772,348	38,097
純資産合計	14,420,835	22,571,276
負債純資産合計	71,664,424	102,152,251

これを流動資産でまかなえるか

- 10 -

事例研究　ネクステージ（3186）
資金繰りと収益の質を検討する

　ネクステージの2014年11月期決算短信の要約ページを見ると、売上高はよく伸びていますし、経常利益は終わったばかりの2014年11月期は減益ですが、2015年11月期は大幅に伸びる予想となっており、趨勢的に勢いよく成長している様子がわかります。

　しかし、自己資本比率は23.3％とかなり低い水準であり、しかも低下傾向です。さらに、営業ＣＦも２年連続で赤字です。

　営業ＣＦと投資ＣＦを加えたフリーＣＦは、2013年11月期がマイナス26.2億円、2014年11月期がマイナス19.7億円、２年合計でマイナス45.9億円となっています。２年合計の純利益は9.1億円の黒字になっていますが、それに相当するはずのフリーキャッシュ・フローがそれを大幅に超える赤字になっており、そうした点はすごく気になるところです。

　また、業績は好調に見えますが、終わったばかりの2014年11月期に経常利益が減益になっている点も気になります。少し検証してみたいところです。

　まずは、資金繰りが大丈夫なのか、という点について見てみましょう。

　191ページを見ると流動負債は91.3億円で、そのうち有利子負債は、短期借入金、１年以内償還予定の社債、１年以内返済予定の長期借入金の合計65.4億円です。買掛金は12.5億円。

　一方、190ページを見ると流動資産は124.3億円ありますが、商品（中古車）が81.1億円を占めています。現金は24.0億円、売掛金は12.7億円となっています。この現金と売掛金だけでは、到底有利子負債の返済と買掛金の支払いには間に合いそうもありません。

　売上は好調そうなので、商品が現金化されることによって資金繰りはある程度つきそうですが、それにしても65.4億円にも上る有利子負債の返済は本当に大丈夫なのか。その点がとても気になるところです。

図表 4-23 ネクステージ 2014年11月期決算短信 最初のページ

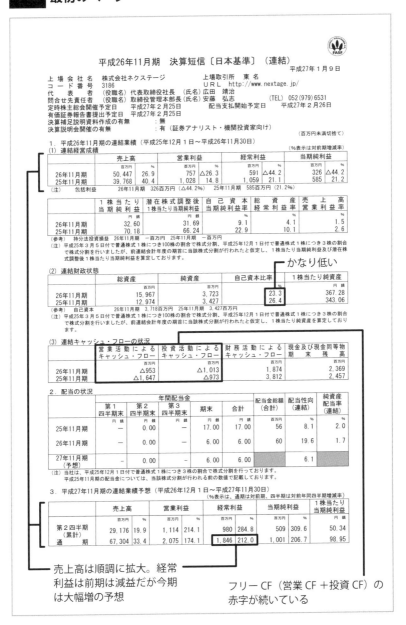

ネクステージ　有価証券報告書の「資産の部」

EDINET提出書類
株式会社ネクステージ(E27693)
有価証券報告書

1 【連結財務諸表等】
(1) 【連結財務諸表】
① 【連結貸借対照表】

(単位：千円)

	前連結会計年度 (平成25年11月30日)	当連結会計年度 (平成26年11月30日)
資産の部		
流動資産		
現金及び預金	2,533,270	2,400,195
売掛金	177,788	1,269,589
商品	6,975,441	**8,108,186**
仕掛品	3,309	5,652
貯蔵品	96,639	221,310
繰延税金資産	86,752	80,647
その他	293,956	343,192
貸倒引当金	△2,014	△2,939
流動資産合計	10,164,143	**12,425,834**
固定資産		
有形固定資産		
建物及び構築物	2,614,042	3,450,545
減価償却累計額	△973,719	△1,224,010
建物及び構築物（純額）	※1 1,640,322	※1 2,226,534
機械装置及び運搬具	244,647	234,309
減価償却累計額	△111,336	△107,779
機械装置及び運搬具（純額）	133,311	126,530
建設仮勘定	113,178	133,405
その他	262,314	297,165
減価償却累計額	△198,192	△219,460
その他（純額）	64,122	77,704
有形固定資産合計	1,950,934	2,564,175
無形固定資産	135,020	131,596
投資その他の資産		
長期貸付金	30,817	26,357
前払年金費用	33,725	-
退職給付に係る資産	-	92,552
繰延税金資産	43,240	25,081
差入保証金	494,010	569,666
投資不動産	113,404	113,404
減価償却累計額	△57,094	△60,407
投資不動産（純額）	※1 56,310	※1 52,997
その他	66,517	90,034
貸倒引当金	-	△10,500
投資その他の資産合計	724,623	846,188
固定資産合計	2,810,579	3,541,961
資産合計	12,974,722	15,967,795

流動資産の81億円は商品が占める

図表 4-25　ネクステージ　有価証券報告書の「負債の部」

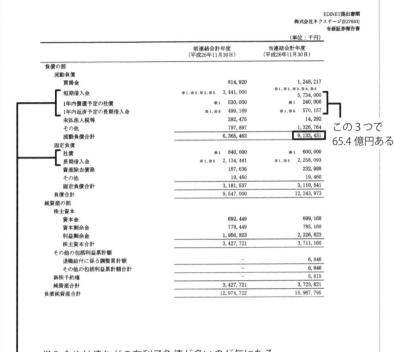

基本的に業績好調で成長性のありそうな会社に対して、銀行は借り換えに応じる可能性が高いですし、81.1億円ほどある中古自動車の商品在庫も換金性が高く、それを担保とすればお金の借り換えもできそうです。ネクステージ側も、それを見込んで財務戦略を立てているようです。

　しかし、それでもやはりこの会社の命運は銀行次第ですし、資金繰りは気になるところです。

　ここで注目したいのが、有利子負債についている注記です。有価証券報告書を見ると、こうした注記が詳しく出ていることが多いので、財務諸表を詳しく検討したいなら有価証券報告書を見てみましょう。

　※2、※3、※4の注記を見ると、短期的な資金繰りのために様々な融資枠が設定されていて、「当座貸越契約」と「貸出コミットメントライン契約」の融資枠合計が41.4億円残っており、設備投資などのためには「実行可能期間付きタームローン契約」の融資枠が28.5億円残っています。

　合計で69.9億円の融資枠が残っており、これと現金24.0億円、売掛金12.7億円、さらに豊富な中古車在庫が毎日売れることで入ってくるキャッシュなどで、流動負債の支払いは十分まかなえると考えられます。

　銀行としても、これだけ手厚い融資枠を与えているということは、同社の将来性を評価して融資面でバックアップしていくつもりがあるのでしょうし、返済が迫る有利子負債65.4億円についても、必要があれば借り換えに応じてくれる可能性が高い、といえるのではないでしょうか。

　ただし、ネクステージが銀行にかなり依存した財務戦略を取っている点がリスクであることには、変わりがありません。

　成長を実現させていく過程で、いかに財務体質を強化していけるかが今後の大きな課題です。

図表 4-26	ネクステージ　有価証券報告書　負債に関する注記

EDINET提出書類
株式会社ネクステージ(E27693)
有価証券報告書

（連結貸借対照表関係）

※1　担保に供している資産及び担保付債務は以下のとおりであります。

担保に供している資産

	前連結会計年度 （平成25年11月30日）	当連結会計年度 （平成26年11月30日）
建物及び構築物	486,485千円	429,299千円
投資不動産	34,164千円	34,164千円
合計	520,650千円	463,464千円

担保付債務

	前連結会計年度 （平成25年11月30日）	当連結会計年度 （平成26年11月30日）
短期借入金	700,000千円	492,307千円
1年内償還予定の社債（銀行保証付無担保社債）	140,000千円	240,000千円
1年内返済予定の長期借入金	146,324千円	129,578千円
社債（銀行保証付無担保社債）	300,000千円	60,000千円
長期借入金	508,450千円	378,871千円
合計	1,794,774千円	1,300,757千円

※2　当座貸越契約

当社は、運転資金の効率的な調達を行うため取引銀行10行と当座貸越契約を締結しております。これらの契約に基づく借入未実行残高は次のとおりであります。

	前連結会計年度 （平成25年11月30日）	当連結会計年度 （平成26年11月30日）
当座貸越極度額の総額	3,200,000千円	6,600,000千円
借入実行残高	2,000,000千円	3,868,000千円
差引額	1,200,000千円	2,732,000千円

※3　貸出コミットメントライン契約

当社は、運転資金の効率的な調達を行うため取引銀行13行と貸出コミットメントライン契約を締結しております。これらの契約に基づく借入未実行残高は次のとおりであります。

	前連結会計年度 （平成25年11月30日）	当連結会計年度 （平成26年11月30日）
貸出コミットメントラインの総額	2,100,000千円	2,100,000千円
借入実行残高	1,375,000千円	690,000千円
差引額	725,000千円	1,410,000千円

※4　実行可能期間付タームローン契約

当社は、設備投資資金等の効率的な調達を行うため取引銀行14行と実行可能期間付タームローン契約を締結しております。これらの契約に基づく借入未実行残高は次のとおりであります。

	前連結会計年度 （平成25年11月30日）	当連結会計年度 （平成26年11月30日）
実行可能期間付タームローンの総額	－ 千円	3,950,000千円
借入実行残高	－ 千円	1,100,000千円
差引額	－ 千円	2,850,000千円

また、景気が落ち込んで業績が低迷した時には、銀行の融資姿勢が変わってしまい、一気に経営危機に陥るリスクもあります。

これに関しては、「財務制限条項」も読んでおきましょう（図表4－27）。これは、銀行が融資を維持する条件であり、この条件に抵触すると融資を引き揚げられてしまいます。

- **純資産を基準年か前年の大きい方と比べて75%以上に保つ**
- **経常損益が2期連続赤字に陥らない**

という条件です。

経常利益と純利益がプラスを続けている限りは、この条件に抵触することはありませんし、赤字になっても純資産を4分の1毀損するような大きな赤字でなく、2年連続でなければ基本的には大丈夫ですので、それほど厳しい条件ではないかと思います。

次に、営業キャッシュ・フローの赤字が続いていることについて検討してみましょう。

営業ＣＦが赤字というのは、基本的には良いことではありません。ですから、納得できる理由がなければ、投資対象から外さざるをえません。

そこで、決算短信の定性情報を読んでみると、2014年11月期に関しては、「会社規模拡大のための新規出店等による新たな棚卸資産の増加額12億6百万円、自社割賦に伴う売上債権の増加額10億91百万円（中略）」があったことによると書いてあります。

棚卸資産の増加額というのは、店舗拡大のために中古車をたくさん仕入れたということを意味します。

また、同社は購入者の利便性を高めて中古車の販売を一段と促進するために割賦販売を導入しています。これは、購入者に対して代金を立て替えてあげることですので、同社からすれば売上債権（受取手形・売掛金）が拡大することになります。

194

図表
4-27

ネクステージ　有価証券報告書　財務制限条項

EDINET提出書類
株式会社ネクステージ(E27693)
有価証券報告書

※5　財務制限条項

前連結会計年度（平成25年11月30日）

(1)㈱三菱東京ＵＦＪ銀行をアレンジャーとするコミットメントライン契約及びタームローン契約について下記の財務制限条項が付されております。

① 借入人の各年度の決算期の末日における単体の貸借対照表における純資産の部の金額を当該決算期の直前の決算期の末日又は平成22年11月期の決算期の末日における単体の貸借対照表における純資産の部の金額のいずれか大きい方の75％以上に維持すること。

② 借入人の各年度の決算期における単体の損益計算書に示される経常損益が2期連続して損失とならないようにすること。

(2)㈱りそな銀行をアレンジャーとするコミットメントライン契約について下記の財務制限条項が付されております。

① 借入人の各年度の決算期の末日における単体の貸借対照表における純資産の部の金額を当該決算期の直前の決算期の末日又は平成24年11月期の決算期の末日における単体の貸借対照表における純資産の部の金額のいずれか大きい方の75％以上に維持すること。

② 借入人の各年度の決算期における単体の損益計算書に示される経常損益が2期連続して損失とならないようにすること。

上記の財務制限条項のいずれかに抵触した場合，金利の引き上げが行われます。なお，当連結会計年度末におけるコミットメントライン契約及びタームローン契約による借入金残高は，短期借入金1,375,000千円，1年内返済予定の長期借入金78,571千円及び長期借入金412,500千円であります。

当連結会計年度（平成26年11月30日）

(1)㈱三菱東京ＵＦＪ銀行をアレンジャーとするコミットメントライン契約及びタームローン契約について下記の財務制限条項が付されております。

① 借入人の各年度の決算期の末日における単体の貸借対照表における純資産の部の金額を当該決算期の直前の決算期の末日又は平成22年11月期の決算期の末日における単体の貸借対照表における純資産の部の金額のいずれか大きい方の75％以上に維持すること。

② 借入人の各年度の決算期における単体の損益計算書に示される経常損益が2期連続して損失とならないようにすること。

(2)㈱りそな銀行をアレンジャーとするコミットメントライン契約について下記の財務制限条項が付されております。

① 借入人の各年度の決算期の末日における単体の貸借対照表における純資産の部の金額を当該決算期の直前の決算期の末日又は平成24年11月期の決算期の末日における単体の貸借対照表における純資産の部の金額のいずれか大きい方の75％以上に維持すること。

② 借入人の各年度の決算期における単体の損益計算書に示される経常損益が2期連続して損失とならないようにすること。

(3)㈱名古屋銀行をアレンジャーとするタームローン契約について下記の財務制限条項が付されております。

① 借入人の各年度の決算期の末日における単体の貸借対照表における純資産の部の金額が，いずれも平成25年11月の末日における単体の貸借対照表における純資産の部の金額の75％以上に維持すること。

② 借入人の各年度の決算期における単体の損益計算書に示される経常損益が2期連続して損失とならないようにすること。

次に、2014年11月期に営業利益が減少したことについて検討してみ
ましょう。

　決算短信を見ると、売上高総利益率（売上高に対する総利益の割合）
は、2013年11月期は15.8％、14年11月期は16.2％と、むしろ収益性
はアップしています。前年比で売上高は26.9％増、売上総利益は29.5％
増となっています。

　営業利益が減少してしまったのは、販売費及び一般管理費が52.8億
円→74.2億円と21.4億円、率にして40.5％も増加したことが原因です
（図表4－28）。

　では、販売費及び一般管理費は、どうしてそんなに増加してしまった
のか。その内訳は有価証券報告書に出ています（図表4－29）。

　これを見ると、広告宣伝費が5.3億円、給料が4.1億円増えています。
その他、店舗拡大に伴う出店費用の増加などもあった模様です。

　広告宣伝費のアップについては、店舗拡大に伴って、新店の宣伝活動
の費用が増加していることによると思われます。

　給料がアップしていることについては、人材を増やしている時には、
最初の数ヵ月から1年くらいは収益にあまり貢献しないのに給料だけ払
う形になるので、ある意味で来期以降の収益アップのための先行投資的
意味合いがあります。

　その他にも、出店に伴う費用は、設備投資費用以外にも様々にかかり
ます。このように、販売費・一般管理費の増加の大半は先行投資的な性
質の費用だと思われます。

　以上のように、足元でネクステージの営業ＣＦが赤字なのも、2014
年11月期の営業利益や経常利益が減益となったのも、いずれも先行投
資的な出費がかさんだものと考えられます。

　そして、それによって自己資本比率も低下しているものと思われます。

　以上がネクステージについての2014年11月時点での分析です。この
状況をポジティブに捉えるか、ネガティブに捉えるかは、ネクステージ
の成長性や成長戦略への評価次第ということになります。

図表 4-28　ネクステージ　有価証券報告書　損益計算書

EDINET提出書類
株式会社ネクステージ(E27693)
有価証券報告書

② 【損益計算書】

（単位：千円）

	前事業年度 (自 平成24年12月 1 日 至 平成25年11月30日)	当事業年度 (自 平成25年12月 1 日 至 平成26年11月30日)
売上高	39,768,788	50,447,597
売上原価	※1　33,474,195	※1　42,296,126
売上総利益	6,294,592	8,151,471
販売費及び一般管理費	※1、※2　5,284,016	※1、※2　7,422,671
営業利益	1,010,576	728,800
営業外収益		
受取利息及び配当金	2,810	2,863
受取家賃	22,058	21,856
保険解約返戻金	43,280	－
その他	67,819	62,966
営業外収益合計	135,970	87,686
営業外費用		
支払利息	44,361	52,684
賃貸原価	20,553	20,243
支払手数料	25,622	146,587
その他	※1　15,119	※1　32,084
営業外費用合計	105,657	251,599
経常利益	1,040,889	564,887
特別損失		
減損損失	19,274	24,022
特別損失合計	19,274	24,022
税引前当期純利益	1,021,614	540,865
法人税、住民税及び事業税	452,566	210,424
法人税等調整額	△5,300	20,972
法人税等合計	447,265	231,396
当期純利益	574,349	309,468

ここが 21.4 億円も増加
その理由は…

図表 4-29　ネクステージ　有価証券報告書　販売費・一般管理費の内訳

※2　販売費及び一般管理費のうち主要な費目及び金額並びにおおよその割合は、次のとおりであります。

	前事業年度 (自 平成24年12月 1 日 至 平成25年11月30日)	当事業年度 (自 平成25年12月 1 日 至 平成26年11月30日)
広告宣伝費	674,191千円	1,205,372千円
給料手当	1,307,589千円	1,717,037千円
退職給付費用	43,140千円	49,930千円
賃借料	611,759千円	756,696千円
減価償却費	311,890千円	401,312千円

この 2 つの項目が増えている

現在、多少リスクを冒して大きめに成長投資をしても、それが将来大きなリターンとして返ってくると思えば、中長期投資の対象になるでしょう。

　一方、この会社の成長性や成長戦略が理解できないなど疑問があるという場合には、当然投資は「見送り」となります。

　同社の戦略は、

①ＳＵＶ、ミニバン、軽自動車など車種ごとに専門店を作って、営業マンの説明能力やサービスなどの専門性、用意できる自動車の種類の豊富さなどをアップさせる。

②仕入れ値と同程度の価格設定で中古車を安く販売し、徹底した専門性でフォローしながら付随するオプションやサービスで稼ぐ。

　ということです。

　既存の大手の販売戦略・店舗戦略を否定するようなこの戦略が当たり、中古車業界の中で随一の成長性を実現しています。

　この優位性を保ちながら、一気に販売体制を構築して規模のメリットなどを得ようと、ここ数年一気呵成の拡大戦略を取っています。

　そして、2020年11月期に「売上高2000億円、経常利益100億円」を目指しています。2015月11月期は経常利益18.5億円でＥＰＳ99円の予想です。

　経常利益は100億円÷18.5億円＝5.4倍になる計算です。ＥＰＳも同じ割合で増えるとすると、99円×5.4＝535円という計算になります。標準的と考えられるＰＥＲ15倍に評価されると、535円×15＝8025円となり、株価は8000円近くという計算になります。

　要するに、ネクステージは**財務的に大きなリスクを取って、大きな成長を目指している**ということです。途中でシナリオが狂えば業績と株価は大きく落ち込むリスクがありますし、上手くいけば業績と株価は何倍にもなる可能性もあります。

　全ては成長戦略の成否にかかっています。

図表 4-30 ネクステージ　月足チャート

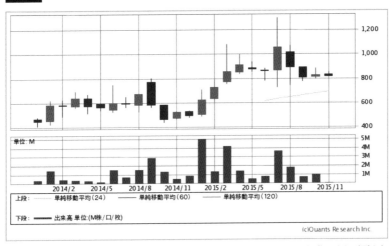

ＳＢＩ証券サイト画面より

事例研究　鈴茂器工（6405）
自己資本比率が高い会社の目標株価を計算する

　同社は、寿司ロボットなどご飯の形成ロボットを開発・製造する専門メーカーです。

　今も国内で拡大が続き、海外でも人気が高まっている回転寿司も、同社が回転寿司用の寿司ロボットを開発したことによってビジネスとして可能になりました。現在でも回転寿司ビジネスにとってなくてはならない企業です。握り寿司の他にも、巻き寿司、おにぎりなどの形成ロボット、牛丼店などのご飯盛りロボットなど、ご飯を扱うロボット全般を専門的に手掛けます。

　2015年3月期決算時点では、売上高は順調に拡大しているのですが、営業利益や経常利益などがわずかですがマイナスとなり、利益面では停滞している印象です。そのような利益面の停滞を受けて株価の方も2013年から2015年にかけては膠着状態です。

　では、数字の中身はどうなのか、分析してみましょう（図表4 - 31）。

　2015年3月期の業績を前年と比較すると、売上高は75.6億円→77.2億円と1.6億円増、率にして2.1％増となっています。

　それに対して営業利益は前年比マイナスとなっています。

　そこで、損益計算書で収益状況を詳しく検討してみましょう。すると、売上総利益は前年と比較して35.0億円→36.7億円と1.7億円増、率にして4.9％増となっています。売上総利益は、売上高以上に伸びています。売上高総利益率を見ても、46.3％→47.5％と収益性がアップしています。製品自体は売上も収益性も向上していることがわかります。

　では、どうして営業利益以下の利益が減ってしまっているのかというと、販売費・一般管理費（販管費）が23.2億円→25.1億円と1.9億円増加、率にして8.2％も増加してしまっているからです。売上高の2.1％

200

図表 4-31	鈴茂器工　2015年3月期決算短信　損益計算書

鈴茂器工㈱(6405) 平成27年3月期　決算短信

（2）連結損益計算書及び連結包括利益計算書

連結損益計算書

（単位：千円）

	前連結会計年度 （自　平成25年4月1日 至　平成26年3月31日）	当連結会計年度 （自　平成26年4月1日 至　平成27年3月31日）
売上高	7,564,781	7,724,485
売上原価	4,061,094	4,055,084
売上総利益	3,503,686	3,669,400
販売費及び一般管理費	2,320,701	2,509,774
営業利益	1,182,985	1,159,626
営業外収益		
受取利息	2,930	2,845
受取配当金	1,416	1,591
受取手数料	1,155	1,150
受取保険金	―	1,000
助成金収入	4,500	2,400
為替差益	4,147	3,096
その他	1,286	2,084
営業外収益合計	15,435	14,168
営業外費用		
支払利息	1,344	266
手形売却損	114	57
売上割引	4,033	4,409
その他	511	361
営業外費用合計	6,003	5,094
経常利益	1,192,417	1,168,700
特別利益		
有形固定資産売却益	366	―
特別利益合計	366	―
税金等調整前当期純利益	1,192,783	1,168,700
法人税、住民税及び事業税	505,891	482,977
法人税等調整額	△5,010	7,626
法人税等合計	500,881	490,603
少数株主損益調整前当期純利益	691,902	678,096
当期純利益	691,902	678,096

売上総利益は伸びたが、
それ以上に販管費が増えたため
営業利益は前年比マイナスに

増加からすると、販売費・一般管理費はせいぜい 0.5 億円程度の増加になるはずですが、それよりも 1.4 億円程度超過しています。

　そこで次には、販売費・一般管理費がどうして増えているのかを有価証券報告書で調べてみましょう。

　有価証券報告書の販売費と一般管理費の注意書き（図表４−３２）を見ると、人件費や研究開発費などが増えていることが示されています。

　ただ、25.1 億円の販売費・一般管理費のうちの明細の半分もここには示されていません。どこまで詳細な明細を示すかは会社によって異なりますが、この時の鈴茂器工の情報開示はちょっと物足りない感じがします。

　この時の鈴茂器工は海外での販売拡大を狙って、そのために生産能力の増強、研究開発の強化、さらには展示会などによる販売促進を盛んに行っていました。そのような先行投資的な費用がかさんでいたと考えられます。

　このように、財務データはある程度定性面も考慮して解釈していく必要もあります。

　以上のことから、2015 年 3 月期のデータを見る限り、「製品自体の売上も収益性もアップしているが、将来への布石のための投資がかさんで営業利益以下の利益が圧迫されている」と評価できると思います。

　そうした将来への布石が、今後営業利益などの数字として表れてくれば、株価は再度評価される可能性があるでしょう。

　もちろん、先行投資が実らず、業績の低迷が続けば株価は下がるリスクもありますが……。

図表 4-32　鈴茂器工　有価証券報告書　注記

(連結損益計算書関係)
※1　販売費及び一般管理費の主なもの

	前連結会計年度 (自　平成25年4月1日 至　平成26年3月31日)	当連結会計年度 (自　平成26年4月1日 至　平成27年3月31日)
給料及び手当	779,633千円	808,123千円
賞与引当金繰入額	69,786 〃	72,000 〃
退職給付費用	27,461 〃	25,267 〃
役員退職慰労引当金繰入額	2,800 〃	2,425 〃

※2　一般管理費及び当期製造費用に含まれる研究開発費

前連結会計年度 (自　平成25年4月1日 至　平成26年3月31日)	当連結会計年度 (自　平成26年4月1日 至　平成27年3月31日)
58,217千円	69,482千円

※3　有形固定資産売却益の内容は、次のとおりであります。

	前連結会計年度 (自　平成25年4月1日 至　平成26年3月31日)	当連結会計年度 (自　平成26年4月1日 至　平成27年3月31日)
機械装置及び運搬具	366千円	―千円

(連結包括利益計算書関係)
※　その他の包括利益に係る組替調整額及び税効果額

	前連結会計年度 (自　平成25年4月1日 至　平成26年3月31日)	当連結会計年度 (自　平成26年4月1日 至　平成27年3月31日)
その他有価証券評価差額金		
当期発生額	12,838千円	28,688千円
組替調整額	― 〃	― 〃
税効果調整前	12,838千円	28,688千円
税効果額	△4,575 〃	△7,424 〃
その他有価証券評価差額金	8,262千円	21,263千円
為替換算調整勘定		
当期発生額	2,821千円	20,037千円
その他の包括利益合計	11,084千円	41,300千円

人件費や研究開発費が増えている

自己資本比率が60%以上の場合の
目標株価の計算法

　同社のもう一つの注目ポイントは、自己資本比率が83.9%と高いことです。自己資本比率の平均は上場企業で40%弱ですから、それに比べるとあまりにも高いです。

　自己資本は、率が高いほど会社の安全性は高くていいのですが、それが**60%を超えてくると、その会社は本業に関係のない金融資産などをよけいに持っている可能性があります。**

　その場合には、貸借対照表を検討して、本業の事業価値とそうした余剰金融資産を分けて計算して、足し合わせることでその会社の株主価値を計算することができます。

　自己資本比率60%を超えるような会社が保有する金融資産は、ほとんど余剰金融資産の可能性が高いと考えられます。

　また、そうした企業はほとんど有利子負債を持たないのが普通ですが、もし有利子負債があればそれを金融資産から差し引いて純金融資産額を計算してみましょう。この金額は一般的にネットキャッシュと呼ばれますが、ここでは純然たる金融資産という意味で「純金融資産」と呼ぶことにしましょう。

　金融資産は、現金、預金、有価証券、投資有価証券などを合計したものです。

　投資有価証券の中には、子会社や関連会社など連結対象の会社の株式が含まれていることがあり、その場合には、それは「本業に関係ない余剰金融資産」とはいえないので、子会社や関連会社の株式は差し引く必要があります。ただし、通常、連結対象の会社の株式が投資有価証券に入っていることはあまりないですし、投資有価証券のそうしたものは、ほとんど余剰金融資産と考えていいでしょう。気になる場合には、有価証券報告書で投資有価証券の中身を確認してみるといいでしょう。

図表 4-33	鈴茂器工　決算短信「資産の部」

鈴茂器工㈱(6405) 平成27年3月期 決算短信

5. 連結財務諸表
（1）連結貸借対照表

(単位：千円)

	前連結会計年度 （平成26年3月31日）	当連結会計年度 （平成27年3月31日）
資産の部		
流動資産		
現金及び預金	2,957,177	3,480,237
受取手形及び売掛金	1,157,837	1,165,981
たな卸資産	1,089,442	1,171,221
繰延税金資産	95,666	88,238
その他	65,565	35,896
貸倒引当金	△116	△57
流動資産合計	5,365,574	5,941,519
固定資産		
有形固定資産		
建物及び構築物	3,138,681	3,165,253
減価償却累計額	△1,313,422	△1,416,904
建物及び構築物（純額）	1,825,258	1,748,349
機械装置及び運搬具	78,461	93,858
減価償却累計額	△39,207	△53,424
機械装置及び運搬具（純額）	39,253	40,434
工具、器具及び備品	1,234,329	1,281,153
減価償却累計額	△1,130,357	△1,186,714
工具、器具及び備品（純額）	103,971	94,439
土地	983,856	983,856
有形固定資産合計	2,952,340	2,867,079
無形固定資産	22,678	35,932
投資その他の資産		
投資有価証券	333,891	368,157
繰延税金資産	152,584	145,525
その他	166,621	174,797
貸倒引当金	△12,802	△11,934
投資その他の資産合計	640,294	676,545
固定資産合計	3,615,313	3,579,557
資産合計	8,980,887	9,521,077

これらが金融資産

－8－

205

さて、以上のことを踏まえて鈴茂器工の金融資産について計算してみると、

- 現金・預金　34.8 億円
- 投資有価証券　3.7 億円
- 有利子負債　0 円

以上を合計すると、余剰金融資産は 38.5 億円となります。

　一方、営業利益は 10 億円程度で安定していて、2016 年 3 月期予想も 10.8 億円となっています。

　先ほどの分析通り、この数字は実力よりもへこんだ数字だと思われますし、収益基盤の強化をしている点や、寿司ロボットが世界的に需要拡大していくと仮定すると、10.8 億円という業績水準は、今後も十分に維持できて、場合によっては拡大していく可能性も考えられるかもしれません。

　こうした考え方を前提とすると、事業価値は営業利益 10.8 億円の 10 倍の 108 億円程度と考えられます。これと先ほど計算した純金融資産 38.5 億円を加えると、146.5 億円となり、これがこの会社の株主価値と考えられます。株主価値というのは、発行済みの株の合計の価値であり、株主に属する価値という意味です。

　実際に、会社の株についている価格を見ると、2015 年 8 月 20 日時点で株価は 1065 円で、時価総額は 64.5 億円です。

　株主価値 146.5 億円は、時価総額 64.5 億円の 2.27 倍です。ですから、もしここで計算した通りの価値があるとすれば、株価も 1065 円の 2.27 倍の 2418 円になってもおかしくないという計算になります。

　ただし、この計算はあくまでも、鈴茂器工の 2015 年現在の収益が持続的であることが前提です。現在よりも収益力が衰えるようなことがあれば、事業価値の計算結果はもっと低いものとなります。

　一方、現状よりも収益力を拡大させれば、株主価値や目標株価は上の計算よりも、もっと高くなるものと考えられます。

図表 4-34　鈴茂器工　決算短信「負債の部」

鈴茂器工㈱(6405) 平成27年3月期 決算短信

(単位：千円)

	前連結会計年度 (平成26年3月31日)	当連結会計年度 (平成27年3月31日)
負債の部		
流動負債		
買掛金	334,623	272,918
未払金	119,274	89,631
未払費用	100,437	104,177
未払法人税等	316,952	214,265
未払消費税等	12,696	106,143
繰延税金負債	948	916
賞与引当金	126,798	129,013
その他	109,325	98,716
流動負債合計	1,121,056	1,015,782
固定負債		
繰延税金負債	632	1,530
役員退職慰労引当金	11,318	10,701
退職給付に係る負債	368,077	396,757
資産除去債務	16,926	17,162
その他	107,142	89,530
固定負債合計	504,097	515,684
負債合計	1,625,153	1,531,466
純資産の部		
株主資本		
資本金	611,620	614,508
資本剰余金	440,170	443,050
利益剰余金	6,266,945	6,854,276
自己株式	△1,959	△2,480
株主資本合計	7,316,777	7,909,354
その他の包括利益累計額		
その他有価証券評価差額金	36,134	57,397
為替換算調整勘定	2,821	22,858
その他の包括利益累計額合計	38,956	80,256
純資産合計	7,355,733	7,989,610
負債純資産合計	8,980,887	9,521,077

借入金や社債などの項目が見つからないので有利子負債はゼロ

―9―

財務諸表分析のポイント（まとめ）

　この章の最後にポイントを整理します。今後、財務分析をする時に参考にしてください。

●**安全性・資金繰りの確認（自己資本比率が30％以下、あるいは営業ＣＦがマイナスのケース）**

- 財務の安全性で一番大事なのは「資金繰り」。会社は、どんなに将来性があっても資金繰りに行き詰まったら倒産し、株の価値は紙くずになってしまう。

- 資金繰りを確認するには、流動負債と流動資産を比較する。流動資産が流動負債よりも多ければ、あまり心配ない。特に流動資産の中の現金・預金の割合が大きければ（たとえば、一番大きな金額であれば）安心感は増す。

- しかし、受取手形・売掛金や棚卸資産が急増している場合には、それらの項目で問題が発生している可能性もある。どんな原因でそれらの項目が急増しているのか、決算短信の定性情報などでも確認しよう。

- 流動負債の中で、有利子負債は銀行などの判断で借り換えに応じてくれないリスクがある。そうなると資金繰りが苦しくなる可能性がある。赤字になると銀行は借り換えを渋る可能性があるので注意。

●**余剰金融資産を含めた目標株価の考え方（自己資本比率60％以上のケース）**

- 自己資本比率が60％以上の場合は、事業には関係ない余剰金融資産がある可能性が高い。

- その場合は、事業価値と余剰金融資産に分けて計算し、それを足して株主価値を求める。

- 事業価値は、収益の持続性があることを前提に営業利益の10倍と考える。

- 余剰金融資産は、現金、預金、有価証券、投資有価証券、定期預金などの合計から有利子負債を差し引いて求める。

- 株主価値が時価総額の何倍かを計算する。その倍率を現在の株価にかけると目標株価が計算される。

●売上高が伸びているのに営業利益がさえないケースの詳しい検討法

- 売上高とともに売上総利益は伸びているか。同じくらいの率で伸びているなら、本業は順調である可能性がある。

- その場合には、営業利益がさえない原因は販売費・一般管理費にある。その詳しい内訳は、有価証券報告書で確認。広告宣伝費、研究開発費、人材拡充のための費用など先行投資的な費用が原因なら、ポジティブに考えていいかもしれない。

●営業ＣＦがマイナスの場合の検討方法

- キャッシュ・フロー計算書で営業ＣＦがマイナスになっている主要因を探す。

- 受取手形・売掛金や棚卸資産が要因なら、それが大きな問題を抱えていないか検討する。どちらも売上の増加率を大きく超えて急増しているなら注意。

209

- 業種にもよるが一般的に、受取手形・売掛金は年間売上高の4分の1（3ヵ月分）以上なら要注意。

- 業種にもよるが一般的に、棚卸資産も年間売上高の4分の1（3ヵ月分）以上なら要注意。

● **投資ＣＦが営業ＣＦのプラスよりかなり大きなマイナスの場合の検討法**

- 投資ＣＦのマイナスがかなり大きなケースは、何か大きな投資をしている時であり、大きな勝負に出ている時。

- 何に投資をしているのかを決算短信の定性情報などで確認し、それに勝算があると思えば投資を検討し、そうでないなら投資対象から外す。

第**5**章

株の売買タイミングと
景気・株価サイクルを見極める

paragraph-1
ＰＥＲで株の想定ゾーンを考えて売買しよう

定性面や財務面で良い銘柄を見つけたら、あとは水準やタイミングを考えて売買すること、そして、リスク管理をすることがテーマとなる。その実践的なノウハウについて学ぼう。

基本的には「想定レンジの下限で買い、上限で売る」

　株の売買タイミングは、基本的にはＰＥＲなどにより割安・割高を判断して計ります。

　1章では、今後期待できる成長率別にＰＥＲの割安・割高水準のメドを考えました。たとえば、年率15％ペースの成長が3年以上続くと期待できる銘柄の場合には、ＰＥＲ15～30倍と想定されて、ＰＥＲ15倍近くなら買い、30倍近くなら売りと判断できます（29ページ参照）。

　その企業が順調に業績を拡大させて、将来性も変わらないのであれば、株価の想定レンジそのものが業績拡大とともに上昇していくことになります。そして、株価がその想定レンジ内にあるのであれば、保有し続けてもいいですし、「レンジの下限近くで買い、上限近くで売る」という売買を繰り返してもいいでしょう。

図表5-1　ＰＥＲの想定ゾーンによる売買の考え方

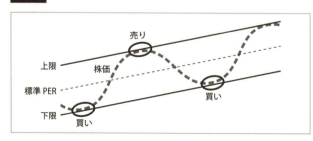

成長が続けば想定ゾーンそのものも上がっていく。基本的には下限で買い、上限で売るという方針だが、成長が続く限り保有し続けるというのも一つの選択肢。

その銘柄に投入する資金の半分は保有し続け、半分は売買を繰り返す、という戦略も考えられます。

　買いのポイントは、想定レンジの下限というのが基本ですが、想定レンジの上の方を推移して、想定レンジ下限近くに来ないままに上昇を続けてしまうようなパターンもあります。
　その場合には買うのはあきらめる、というのも一つの判断ですが、その会社の将来性にかなり自信があるなら、想定レンジの下限に来なくても、ある程度株を買ってしまってもいいと思います。その場合には、基本的には標準的ＰＥＲ（想定レンジの真ん中）くらいが買うメドと考えられます。
　ただし、「なかなか下がってこないので、想定レンジの真ん中くらいで買ったら、その後さらに下落して想定レンジの下限まで行ってしまった」というケースもありますし、さらには、下限を下抜けて下落が続いてしまうというケースもあります。そうしたケースも想定して、投入金額は予定の半分くらいまでにして、追加買いの余地は残しておきましょう。

図表5-2　想定ゾーンの下限まで株価が落ちてこないケース

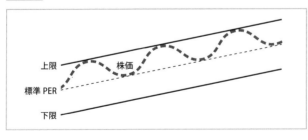

成長性が高い場合には、ＰＥＲは想定ゾーンの高い水準のまま推移してしまうことも。その場合は標準ＰＥＲ近辺が買いポイントと考えられる。

paragraph-2

株価が想定レンジの下限を大きく割り込んでしまったら……

　株を買うポイントは、基本的には想定ゾーンの下限近くと考えられるが、実際の株価の動きは、必ずしも想定された下限で止まるとは限らないし、下限を突き抜けてさらに半値になるということもありえなくはない。そうしたケースの対処法を考える。

想定以上に下落する３つの要因

　株価が想定よりも大きく下落してしまったらどうするか、というのは投資家として重要なテーマです。株価が想定よりも大きく下落してしまうのには以下の３つ要因が考えられます。

①将来性への懸念

②足元の業績の悪化

③全体相場の急落につられて

　将来性への懸念が生じてきた場合には、その株を投資対象から外すしかありませんし、保有している株は損切りしてでも売却するのが得策です。

　しかし、株価が大きく下落している時というのは、アナリストなどの専門家を含めて必要以上に悲観的な判断をしてしまうことがあります。あくまでも冷静・中立にその会社の将来性について検討する必要があります。

　その際には、２章の定性分析の考え方を参考にしてください。

　たとえば、

・新規参入が出てきて競争激化の兆しが出ている

・新しい技術が出てきて代替される可能性が出てきている

・業績拡大が一巡して、成長余地が少なくなっている

　などの兆候はないでしょうか。

　そうした兆候があり、それが現実的な脅威になる可能性が高そうだと

いうことなら、その会社の将来性には重大な懸念が生じていることになります。

ただし、本当にそうしたことがその会社の脅威になるのか杞憂で終わるのか、その判断は難しいです。検討した結果「やっぱり大丈夫だ」と思うなら持続、「やっぱりダメだ」と思うなら売却という判断になります。しかし、「ある程度、脅威を感じるけど、その会社の将来性がダメになったとも思わない」のならば、保有株を減らして対処するということでもいいでしょう。

足元の業績に悪化の兆しがある場合

足元の業績に悪化の兆候・傾向が出ている場合も株価は下がりやすいです。具体的には、

- 業績予想を大きく下方修正した
- 新年度予想が売上高・営業利益とも減少
- 四半期の進捗状況が売上高・営業利益ともに悪い
- 受注が落ちている
- 在庫や受取手形・売掛金が急増している
- 月次売上が想定より大きく下回っている

などのケースです。

足元の業績が悪くても将来性に変わりがないなら、基本的には、

- 持ち株は持続
- 大きく下落した場面で買い増しを考える
- 半分手放して、半分持続。大きく下落したら買い直し

などのいずれかが基本的な方針となります。

相場状況がすごく悪くて不安に感じるなら、一度思い切って保有株数を減らすか、ゼロにしてしまう、というのも一つの選択肢です。

ただし、その場合には、「その株が買えないまま上昇してしまう」というリスクを受け入れることになります。

215

しかし、一度業績が悪化して株価が下降トレンドになってしまったら、どこまで下落するのかは予断を許しません。株価にはオーバーシュート（行き過ぎ）がつきものであり、「こんなに下がるなんておかしい」「あまりにも安すぎる不当な水準だ」と思われるところまで下がることもあります。たくさんの金額を投入した状態で下落方向にオーバーシュートするような動きになったら、精神的に耐えられるでしょうか。オーバーシュート状態の時には、パニック状態になって悲観論が横行します。そういう雰囲気や他人の意見に影響されずにしっかり株を保有し続けられるでしょうか。

　最悪なのは、せっかく将来性の判断は正しかったのに、株価がオーバーシュートしてパニック状態の時に手放してしまうことです。そういう時には、逆に買うチャンスなのに……。
　そうならないためには、そのようにオーバーシュートすることも想定して、「そうなった時に冷静さを保てるか」を自分に問いかけ、保有株数を調整しましょう。大切なのは、一気に資産を増やすことではなく着実に資産を増やすことです。

paragraph-3

想定レンジの上限を
大幅に超えるケースは……

想定レンジの上限を抜けてしまったケースについても考えておこう。

ＰＥＲがあまりにも高くなったら一時売却も

　たとえば、想定レンジの上限がＰＥＲ 30 倍だとして、株価がＰＥＲ 40 倍とか 50 倍という水準まで上昇してしまったら、どうしたらいいでしょうか。

　想定レンジの上限を大幅に超えるケースは、その株を保有し続けるのか一度手放すのか、判断がとても難しいところです。

　そこで考えるべきことは、

- **その会社の将来性が大きく高まったのか**
- **単にバブル的な動きなのか**

　ということです。

　株価の上昇が続いてバブル化している時には、その会社に対する強気な見方が多くなります。そして、その会社の将来性を強気に見すぎてしまうということが、アナリストなど専門家の間でもよく起こります。

　そうした中で、冷静かつ客観的に判断をするというのは、なかなか難しいことです。まして、株価も上下動が大きくなり、投資家心理が揺さぶられやすくなります。

　もちろん、「長期的な成長が期待できるので、多少ＰＥＲが高くなっても保有し続けたい」というのなら、それでもいいと思います。

　しかし、想定レンジの上限を大きく超えてきたら、一旦売却したり、株数を半分にする、ということを考えてもいいと思います。

paragraph-4

景気サイクルで
投資タイミングを考える

景気サイクルは、株価や業績にまで大きな影響を及ぼす。その特徴や、サイクルの捉え方、株価との関係などを探っていく。

景気サイクルの3つの特徴

景気は、拡張したり後退したりというサイクルを描いており、株価はそれにだいたい連動して動いています。ですから、この景気・株価のサイクルの習性をよく考慮することが、投資タイミングやリスク管理を考える上でも大切になります。

景気・株価には次の3つの習性があります。
①周期は平均で4.4年。拡張期は2～4年、後退期は1～2年となることが多い。
②株価は景気に対して0～1年程度先行して動くことが多い。
③高い山→深い谷→低い山→低い谷→高い山……というサイクルを繰り返すことが多い（山谷高低の法則）。

このうち、まずは周期について見ていきましょう。

実際の景気サイクルを見てみよう

景気サイクルの周期は平均3.5年くらいだといわれていますが、日本の1951年から2012年までの61年間で景気は14回のサイクルを記録しています。平均するとサイクルは4.4年となります。
この景気サイクルは、内閣府が経済指標と専門家の意見を参考にして認定したものです。
景気サイクルの周期は平均4.4年ですが、実際には3年程度のことも

あれば7年を超えるようなケースもあり、かなりバラバラです。

通常、景気拡張期は2〜4年程度、景気後退期は1〜2年程度です。

ただし、景気拡張期は最長で6年1ヵ月（2002年1月〜2008年2月）、景気後退期は最長で3年（1980年2月〜1983年2月）とかなり長期化することもあります。

比較的最近のサイクルを見てみましょう。

図表5-3は1993年10月から2012年11月まで19年1ヵ月の期間に4サイクルを描いています。平均すると4年9ヵ月になります。

その中で、小泉純一郎政権下で始まった景気拡張期は2002年1月〜2008年2月と6年1ヵ月に及び、これが戦後最長の景気拡張期となりました。これはバブル期の4年3ヵ月を大幅に超える異例の長さです。

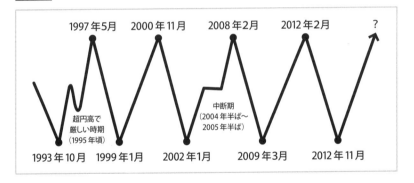

図表5-3 1993年以降の景気サイクル

しかし、実は2004年半ばから2005年半ばという1年間にわたって経済指標が横ばいになる、いわば「中断期」のようなものがありました。この期間は、景気拡大期とはいいづらいところでしたが、景気後退に陥ったと判断するところまで経済指標の落ち込みが確認できませんでした。そして、2005年後半からは再び力強い景気拡大期に入り、特に世界的な不動産バブルが発生して、世界中の株価が大きく値上がりしました。

以上のように考えると、2002年1月〜2008年2月の景気拡張期は、

間に1年間のお休みを経て2つの拡張期に分かれると考えた方がよさそうです。つまり、景気拡張期2年半、中断期1年、景気拡張期2年半と、通常の景気サイクル程度の周期だったといえると思います。

そして、1993年10月〜2012年11月に実質的に5サイクルだったと考えると平均周期3年10ヵ月となります。

株は景気よりも半年くらい先行して動く

株価は景気にほぼ連動して動きますが、株価が平均半年ほど先行して動く習性があります。

ただし、このタイムラグもその時々でバラバラです。転換点がほぼ同時の時もありますし、1年くらい株価が先行することもあります。

ごくまれなことですが、株価が景気よりも遅れて転換することもあります。景気が2002年1月に底打ちしたのに、株価の底打ちが2003年4月になったのはその典型例です。この時は、2002年後半にバブル時代の後遺症として銀行を苦しめていた不良債権の処理が本格化し、銀行が持ち株を売却する動きが加速しました。そのことによって株価が下落するという特殊要因がありました。

いずれにしても、通常は株価が景気よりも数ヵ月早くトレンド転換するという点は重要です。そうした修正を踏まえて株価トレンドの転換点を捉えるには、

- 先行性の高い経済指標
- 金融政策
- 株価チャートの転換サイン

などを総合的に見ながら判断していくことが大切です。これらについては後ほど詳しく述べたいと思います。

景気・株価サイクルの「山谷高低の法則」

景気や株価の変動の習性としては昔から「山高ければ谷深し」という

ことが言われてきました。

　これは、バブル的に景気が拡大してバブル的に株価が高く上昇すると、その後の谷は、かなり深くなるということです。1989年をピークとしたバブル相場、2000年をピークとしたＩＴバブル相場、2007年をピークとした世界的な不動産バブル相場の後は、景気と株価はかなり深い谷を経験しています。この経験則は、多くの人から認知されているところです。

　景気サイクル研究の第一人者である嶋中雄二さん（三菱ＵＦＪモルガン・スタンレー証券・景気循環研究所所長）は、それに加えて景気変動には「谷深ければ山低し」、「山低ければ谷浅し」「谷浅ければ山高し」という習性があるということを唱えています。

図表5-4　1993年以降の景気サイクル

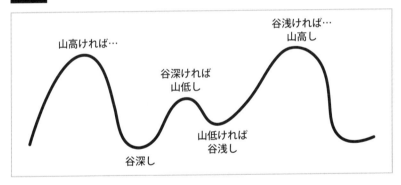

　つまり、「高い山→深い谷→低い山→浅い谷→高い山……」という循環をしていく習性があるということです。

　過去の日本の景気・株価の循環を見ていても、この**「山谷高低の法則」**の周期を繰り返しているようです。

　もちろん、景気や株価は様々な要因で変動しますし、何か大きな要因があればこの周期が乱れることもあります。そうしたことも考慮しながら景気変動をウォッチして予測していく必要はありますが、景気変動に

は「山谷高低の法則」が大きな要因として働いていると考えていいのではないかと思います。

1990 年代以降の景気の山谷

　バブル崩壊以降の日本の景気・株価変動でこの「山谷高低の法則」を確認してみましょう（図表5－5）。

　まず、バブルという大きな山が崩壊した後、景気・株価の谷はかなり深くなりました。

　それに対して政府は、

1992 年8 月 － 総合経済対策（事業規模 10.7 兆円）

1993 年4 月 － 新総合経済対策（同 13.2 兆円）

1993 年9 月 － 緊急経済対策（同 6.2 兆円）

1994 年2 月 － 総合経済対策（同 15.3 兆円）

と4 回で合計 45.4 兆円もの景気対策を行いました。

　また、日銀は、1989 年に6 ％だった政策金利を7 回にわたる連続的な利下げで 1993 年には 1.75％まで下げました。

　このような政府・日銀の必死の対策により、景気は回復しましたがバブルの後遺症は大きく低い山にとどまりました。

　1995 年には、景気回復の動きは早くも息切れしました。1 ドル =80 円割れという超円高に襲われたこともあり景気が停滞（後退まではいかなかったので浅い谷）しました。

　そこで政府は改めて、

1995 年4 月 － 緊急・円高経済対策（事業規模7 兆円）

1995 年9 月 － 経済対策（同 14.22 兆円）

と合計 21 兆円規模の景気対策を行い、日銀は4 月、9 月と連続で利下げをして政策金利を 1.75％から 0.5％と、ほぼゼロ近辺まで落としました。

　こうした追加的な措置に加えて、パソコンの本格的な普及などにも後

押しされて1997年にかけては景気が回復しました（やや高い山）。

その後は、アジアの通貨が軒並み暴落して経済が混乱するアジア通貨危機がありました。これによって韓国は財政破たんの瀬戸際までいき、ロシアも国債を返還できずにデフォルトして通貨暴落と高インフレに苦しみました。

そうした中で、日本はバブル時代の後遺症である銀行の不良債権問題が重症化し、銀行や証券会社が連鎖的に倒産して一時経営状態が不安視され、銀行で取り付け騒ぎが起こるほどの状況になりました。

このように1998年には深い谷になりました。

図表5-5 日経平均と景気の山谷（1990年代）

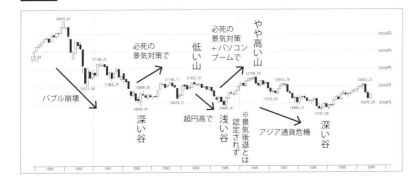

そこで政府は
1998年4月 – 総合経済対策（16兆円）
1998年11月 – 緊急経済対策（24兆円）
1999年11月 – 経済新生対策（18兆円）
と3回合計で58兆円という空前の景気対策を打ちます。

日銀も、1999年2月に世界史上でも初めて政策金利を実質ゼロにするゼロ金利政策を導入しました。

また、このころはコンピューターの設定上の問題で2000年になると

多くのコンピューターが誤作動を起こす可能性があるという問題、いわゆるコンピューターの2000年問題というのが世界中の大問題となり、その混乱を和らげるために2000年前後に世界の主な中央銀行が軒並み大きな資金供給をしました。

こうした、なりふり構わぬ大規模な経済対策と金融政策と、さらに当時急速に普及が進んだインターネットブームが相まって、2000年にかけてはITバブルが発生しました（図表5－6）。コンピューター2000年問題に伴う、世界各国の中央銀行からの大量の資金供給もバブルに火を注ぎました。

この時は、古い大企業の株価中心に算出されている日経平均よりも、ソフトバンクやヤフーなど当時の新興企業の株価が数十倍あるいは100倍以上と爆発的に上昇しました。ですから、日経平均が示す以上に相場の山は大きかったといえます（高い山）。

本来は、1998年の深い谷に続く山は低い山になるはずです。しかし、歴史上最大の景気対策、史上初のゼロ金利導入、世界各国の中央銀行による大量の資金供給、さらに、インターネット革命の勃興などが重なり、低い山では済まなくて高い山になった、ということだろうと思います。

このように、山谷高低の法則は絶対的なものではなくて、あくまでも相場を動かす要因の一つです。他にもっと強力な相場変動要因が出てくれば、相場リズムは法則とは異なるものになります。ですから、相場を予測するには、法則を考慮しつつ、他の要因もよく考え合わせて予測していくことが必要です。有効性の高い法則というのはありますが、絶対的な法則はありません。

2000年代以降の景気の山谷

ITバブルが崩壊した後は、深い谷が訪れます。

景気は2002年1月に底打ちしましたが、不良債権問題は終わらず、日本の銀行部門は大きな問題を抱えたままでした。そこで政府は2002

年の秋から不良債権問題への取り組みを本格化しました。日本経済に対する大手術が行われたわけです。その最中には、りそな銀行が実質的に破たん状態になるなどの事態を迎えますが、日本経済はこれを機に不良債権問題が浮上することはなくなりました。りそな銀行も一時的に公的資金注入がなされましたが、不良債権問題は片付いて、その後、健全な銀行として復活しました。

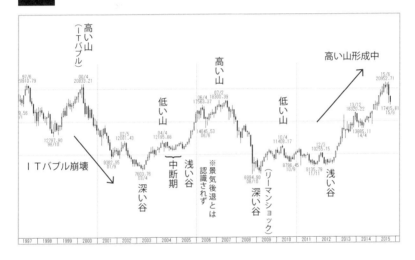

図表5-6 日経平均と景気の山谷（2000年代）

その後は、先ほど述べたように2004年半ばまで低い山、2004年半ばから2005年半ばにかけて景気は横ばい状態なので谷とはいえないのですが、景気の調整期という意味であえていえば低い谷、その後2007年には、世界的な住宅バブルのピークで高い山、その後は2008年9月にリーマンショックが起きて深い谷です。

リーマンショック後は、政府と日銀はまた大規模な財政政策と、大規模な量的緩和（245ページ参照）を行い、景気と株価は2012年2月まで回復しました。しかし、2011年3月に起きた東日本大震災の影響も

あって、比較的低い山でした。その後 2012 年 11 月にかけて浅い谷となりました。

2010 年代以降の景気の山谷

2012 年 12 月には、安倍政権が大胆な金融緩和を打ち出して登場し、安倍政権が任命した黒田総裁のもとで日本銀行は異次元緩和と呼ばれる金融緩和を行いました。世界的な景気回復と相まって、その後日本株は高い山を形成します。

景気そのものは、2015 年現在にはそれほど高い山になっているとはいえません。実質ＧＤＰの前年度比成長率は、

2010 年度　＋ 3.4％

2011 年度　＋ 0.4％

2012 年度　＋ 1.0％

2013 年度　＋ 2.1％

2014 年度　－ 0.9％

という推移になっています。

アベノミクスがスタートしてから 2013 年度は、2014 年 4 月の消費税アップの前に駆け込み需要で伸びましたが、2014 年度は、その反動でマイナス成長。2015 年度は、最初の 4 － 6 月期はマイナス成長でスタートしています。

このように国内景気は 2015 年 9 月時点では比較的低い山にとどまっています。

しかし、企業業績は主要企業が軒並み過去最高益を更新して、株価も 2 年半で約 2 倍、ＩＴバブル以来 15 年ぶりの高値をつけるなど高い山となっています。

企業業績拡大については、アメリカ景気の拡大や急速な円安が追い風になりました。たとえば、アメリカで稼いでいる自動車メーカーはアメリカでたくさん自動車が売れて、稼いだドルの価値も円安によって大きく上がり、そうした二重の追い風で業績を拡大させることができました。

226

また、日銀がＥＴＦ（上場投資信託）を年３兆円買うという過去にないような金融政策、公的年金の株式組み入れ比率の大幅な拡大をするなど、株価を直接的に押し上げるような政策を立て続けに取ったこともその要因となっています。

　さて、それでは本書を執筆している 2015 年以降はどうなるでしょうか。過去にない大胆な金融政策や株価対策を継続していることから、さらに大きなバブルが発生すると予想する専門家も多いです。

　一方で、2012 年末からスタートした景気拡大とそれに伴う株価上昇は、2015 年末で３年経過することになります。過去の例から見る限り、景気拡大期間としても株価上昇期間としても３年という期間は平均的な期間となります。サイクル的にはいつ下降トレンドに転換してもおかしくないところです。

　もちろん、過去に例のない金融緩和・株価対策によって、通常以上の景気拡大・株価上昇になる可能性もあります。しかし、大きな山の後には大きな谷が来る可能性が高い、という経験則にも留意しておきたいところです。

　2015 年９月にこの本を執筆している筆者には、その結論はわかりませんが、皆さんが本書を読まれる時には結論が出ているかもしれません。それも一つの生々しいケーススタディとして学ぶ材料としてください。

227

paragraph-5
長期の経済サイクル

　一般的に知られている4年程度の景気サイクルはキチンサイクルと呼ばれるが、その他に10年程度のジュグラーサイクル、20年程度のクズネッツサイクル、50〜60年程度のコンドラチェフサイクルがある。それらについても学ぼう。

バブルと危機は10年ごとに

　ジュグラーサイクルは10年程度の大きなサイクルです。このジュグラーサイクルは200年以上前から、だいたい10年程度の周期でバブルのような大きな山とその反動としてできる深い谷を繰り返す、という形で確認されているものです。

　戦後の日経平均の大きな山と谷は図表5-7のように繰り返しています。その周期は7〜12年と幅がありますが、平均は9年で、8〜9年程度という期間になるケースが多いようです

　この周期を当てはめると、2007年の次のピークは2014〜2019年となります。

図表5-7 戦後の株価の主な高値

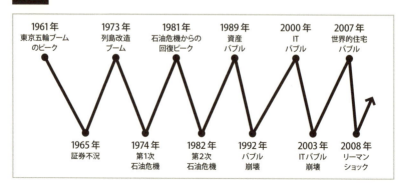

建設ブームは20年おきにやってくる

クズネッツサイクルは、20年程度のサイクルで建設サイクルとも呼ばれています。おおよそ20年おきに建設ブームや再開発ブームなどが起きるサイクルだからです。そして、それに伴って関連株の上昇が起きています。

日本では、1960年代に東京オリンピックや大阪万博などの開催も後押しとなって、高速道路、新幹線をはじめ社会インフラが急速に作り上げられました。

1980年代後半はバブル景気の中で、東京のウォーターフロントの開発をはじめ再開発ブームが起きました。

2000年代には、2003年には開業した六本木ヒルズを皮切りに次々と大規模な再開発が行われ、さらにマンションブームも起きて不動産ミニバブルと呼ばれる状況になりました。

2008年のリーマンショックでこの建設サイクルの山は終わったかに思われましたが、その後、東日本大震災の復興や2020年東京オリンピック・パラリンピックに向けた建設業界の活況が2010年代に起きていて、2020年近くまでは続く可能性があるのかもしれません。

インフレ・金利高の時代が来るか

コンドラチェフサイクルは、物価と金利のサイクルであり、50〜60年とかなりおおざっぱなサイクルです。20〜30年ほど上昇し、20〜30年ほど下落するという周期を繰り返しています。

このサイクルは1981年頃にピークをつけたといわれています。この時は、2度にわたる石油危機の影響もあって世界的に物価が大きく上昇し、金利も高い時期でした。この年は、特にアメリカで短期金利も長期金利も10%を超えて、物価上昇率も10%を超えました。

その後、このサイクルは下降を続けていますが、2008年のリーマン

229

ショックの辺りで底打ちしたのではないかという意見があります。

　ただし、はっきり底打ちの動きを確認するまでは、なんともいえません。

　2015年現在、日本では物価上昇率も金利も底を這っている状況が続いています。

paragraph-6

GDPを
チェックするポイント

経済指標の中で最も重要なのがGDP（国内総生産）。それをチェックするポイントを学ぼう。

GDPの発表スケジュール

景気の動きを数字で確認するためのものが経済指標です。

その代表はGDPです。**GDPは、その国で1年間の経済活動によって生み出された付加価値の総額**です。たとえば、生地などの材料を1000円で仕入れて、電気代や設備関連の費用を1000円かけて5000円の洋服を作れば、3000円の付加価値を生み出したことになります。

GDPは、その国全体の経済活動の成果を集計するものですから、GDPの変動が景気変動そのものとなります。

そうした意味で、GDPはとても重要な指標ですし、株式市場でも注目されています。

GDPは四半期（3ヵ月）ごとに、

1次速報	**四半期終了後のおおよそ1ヵ月半後**
2次速報	**四半期終了後のおおよそ約2ヵ月と10日後**
確定値	**年度が終わった約9ヵ月後の12月**

というスケジュールで発表されます。

より具体的には、

8月15日頃	4-6月期	1次速報
9月8日頃	4-6月期	2次速報
11月15日頃	7-9月期	1次速報
12月8日頃	7-9月期	2次速報
12月後半	昨年度（昨年4月-今年3月）の確定値	
2月15日頃	10-12月	1次速報
3月8日頃	10-12月	2次速報

5月15日頃　1－3月　　1次速報
6月8日頃　1－3月　　2次速報

というスケジュールになります。

　確定値は、年度のデータ（12ヵ月のデータ）を確定させるもので、年に1回12月に発表されます。

　このうち**株式市場で注目されるのは1次速報と2次速報**です。

　1次速報は後で修正されることも多いですが、とにかく一番早く発表されるデータであり、該当期間の景気の全体像が、おおよそ判明するということで注目度が高いです。

　2次速報は、1次速報からどのような修正があるかということで注目されます。大幅な修正があれば株式市場を動かす材料になります。

GDPの速報データの見方

　ここで2015年9月8日発表の「2015年4－6月期GDP」2次速報の事例を見てみましょう。この時に内閣府が発表した資料が図表5－8です。「GDP」でインターネット検索すれば内閣府のGDPに関するページに行けますが、そこで閲覧することができます。

　「実質」とは、物価変動を考慮した実質的な経済の動きを示したデータという意味です。物価変動を考慮しない元のGDPを「名目GDP」、物価変動を考慮して計算した実質的なGDPを「実質GDP」といいます。たとえば、名目GDPが1.1倍になっても、物価が1.1倍になっていれば、実質的なGDPには変化がないことになります。

　「季節調整済み」というのは、季節による経済活動の変動要因を考慮して、たとえば、7－9月期と10－12月期を比較できるようにしている、という意味です。

232

図表 5-8 GDP速報のリリース資料

Cabinet office,
Government of Japan
内閣府 経済社会総合研究所
国民経済計算部
DATE 2015.9.8

2015（平成27）年4～6月期四半期別GDP速報 （2次速報値）
Quarterly Estimates of GDP:Apr. ～ Jun. 2015 (The 2nd Preliminary Estimates)

Ⅰ．国内総生産（支出側）及び各需要項目
GDP (Expenditure Approach) and Its Components

1－1．1次速報値と2次速報値の比較（四半期値、実質、季節調整済前期比）
Comparison of the 1st Preliminary and the 2nd Preliminary Estimates(Percent Changes in Real GDP)

(2005暦年連鎖価格；単位：%)　　　　　　　　　　　　　　　　　　　　　　　(Chained (2005) Yen (seasonally adjusted) ；%)

項目	前期比 ※1 1次速報値 (2015.8.17公表) 1st Pre.	前期比 ※1 2次速報値 2nd Pre.	寄与度(対GDP) ※2 1次速報値 (2015.8.17公表) 1st Pre.	寄与度(対GDP) ※2 2次速報値 2nd Pre.	
国 内 総 生 産（ G D P ）	-0.4	-0.3	***	***	Gross Domestic Product
（年率換算）	[-1.6]	[-1.2]			[Annual rate]
国 内 需 要	-0.1	-0.0	-0.1	-0.0	Domestic Demand
民 間 需 要	-0.4	-0.3	-0.3	-0.2	Private Demand
民 間 最 終 消 費 支 出	-0.8	-0.7	-0.4	-0.4	Private Consumption
家 計 最 終 消 費 支 出	-0.8	-0.7	-0.4	-0.4	Consumption of Households
除く持ち家の帰属家賃	-1.0	-0.9	-0.5	-0.4	Excluding Imputed Rent
民 間 住 宅	1.9	1.9	0.1	0.1	Private Residential Investment
民 間 企 業 設 備	-0.1	-0.9	-0.0	-0.1	Private Non-Resi. Investment
民 間 在 庫 品 増 加	***	***	0.1	0.3	Change in Private Inventories
公 的 需 要	0.8	0.7	0.2	0.2	Public Demand
政 府 最 終 消 費 支 出	0.4	0.5	0.1	0.1	Government Consumption
公 的 固 定 資 本 形 成	2.6	2.1	0.1	0.1	Public Investment
公 的 在 庫 品 増 加	***	***	-0.0	-0.0	Change in Public Inventories
（再掲）総固定資本形成 ※3	0.8	0.2	0.2	0.0	(Regrouped) Gross Fixed Capital Formation ※3
財貨・サービスの純輸出 ※4	***	***	-0.3	-0.3	Net Exports of Goods & Services ※4
財 貨 ・ サ ー ビ ス の 輸 出	-4.4	-4.4	-0.8	-0.8	Exports of Goods & Services
（控除）財貨・サービスの輸入	-2.6	-2.6	0.5	0.6	(Less) Imports of Goods & Services

（参考）

国 民 総 所 得（ G N I ）	0.5	0.6	***	***	Gross National Income
雇 用 者 報 酬	-0.2	-0.2	***	***	Compensation of Employees

※1 : Changes from the previous quarter (seasonally adjusted)
※2 : Contributions to Changes in GDP
※3 : 総固定資本形成は民間住宅、民間企業設備、公的固定資本形成から成る。
Gross Fixed Capital Formation consists of Private Residential Investment, Private Non-Resi. Investment, and Public Investment.
※4 : 財貨・サービスの純輸出=財貨・サービスの輸出－財貨・サービスの輸入
Net Exports of Goods & Services = Exports of Goods & Services - Imports of Goods & Services
純輸出の寄与度は輸出と輸入の寄与度の差によって求めている。
The contribution is calculated as the contribution of Exports Less that of Imports.

図表5-8の資料では、実質GDPの前期比という形でデータが出ています。そして、1次速報では前期比-0.4%だったものが、2次速報-0.3%に改善したということを示しています。

また、年率換算の変化率も出ています。これを見ると-1.6%から-1.2%に改善したことがわかります。年率換算の方が、より変化がわかりやすいです。

GDPの項目別の明細も、生産活動によって生産したモノやサービスの需要先別に記されています。

2次速報で最大の注目は「民間企業設備」です。これは、いわゆる企業の設備投資ですが、これは景気を左右する大きな要因になります。この民間企業投資は、2次速報でより正確な数字が出てくることになっており、1次速報から2次速報にかけて数字がずれる最大の要因になるので、2次速報を見る時の注目すべきポイントになるということです。

この事例では、この民間企業投資が-0.1%から-0.9%と大きく下方修正されています。

以上のように、この時のGDP2次速報では「GDPそのものは、やや改善されたけど、企業の設備投資は比較的大きく下方修正されて、その点が心配」という内容になっています。

注目高まるバフェット指数とは

GDPは、株式市場全体の時価総額と比較することで株式市場全体が割高になっているかどうかを測るメドとして注目が高まっています。

世界屈指の富豪で著名な投資家であるウォーレン・バフェットは、**株式市場の時価総額が名目GDPを超えると株式市場全体が割高になっている危険サイン**と考えて、保有株を減らして現金を増やすという方針を取っていることが知られるようになってきたからです。

このバフェットの考え方にちなんで、名目GDPに対する株式市場の時価総額の倍率を**バフェット指数**と呼びます。バフェット指数が1倍を

超えると警戒サインということになります。

　日本の名目ＧＤＰと東証一部時価総額を比べると、ほとんどの時期に東証一部時価総額は名目ＧＤＰを下回って推移しています。

　しかし、1989年のバブル時と、2007年の世界的住宅バブル時には東証一部時価総額が名目ＧＤＰを超えました。そして、その後景気と株価の大きな谷を迎えました。

　2015年現在の名目ＧＤＰは約500兆円で、東証一部時価総額は2015年5月には600兆円を超えて、8月10日は616兆円と名目ＧＤＰの1.2倍の水準に膨れ上がりました。

　これはバフェット指数からすると、かなり割高な水準になってしまったということがいえます。

paragraph-7

景気を先取りする指標

　ＧＤＰは重要な指標だが、発表頻度が少ない上に発表が遅いという欠点がある。投資家としては、その他の景気を先取りする指標にも着目していこう。代表的な景気の先行指標を紹介する。

鉱工業生産指数（毎月月末に速報値を発表）

　主に製造業の生産活動を指数化して示した経済指標。該当月の翌月末に速報値、翌々月半ばに確定値を発表します。

　経済活動の中で製造業の活動は、景気に敏感で先行性を示す性質があります。ですから、その活動を指数化した同指数は、景気の先行指数として株式市場では注目されています。該当月よりも１ヵ月遅れで毎月発表されるので、ＧＤＰに比べるとかなり速報性があります。

　データは基準年を100として毎月の数字が発表されます。

日銀短観・大企業製造業業況判断ＤＩ
（4月、7月、10月の月初と12月半ばに発表）

　日銀短観は、日銀の全国の支店が広範囲な企業に景況感に関する大規模なアンケート調査を行い、それを指数化して発表するものです。

　日銀短観では様々な指数を発表しますが、株式市場で特に注目度が高いのが大企業製造業業況判断ＤＩです。大企業の製造業が最も景気に敏感で先取りして動くという性質があるからです。

　指数は、ゼロを分岐点にして基本的にプラスなら景気は良い、マイナスなら景気が悪い、と判断されます。

　また、水準だけでなくて、数値が改善しているか悪化しているかという動きも注目されます。

景気ウォッチャー調査・先行き判断DI
（毎月8〜10日頃発表）

　景気ウォッチャー調査は、タクシー運転手、百貨店の販売員、自動車のディーラー、ハローワークの職員など景気に敏感な職種の人たちに毎月景況感に関するアンケート調査をしてそれを指数化したもの。50を景気の良し悪しの分岐点に、50超なら景気が良い、50未満なら景気が悪い、と判断します。

　現状判断DIと先行き判断DIの2つが発表されますが、先行き判断DIの方が、先行性があり株価を占う上でも重要です。

　次にアメリカの経済指標について見ていきましょう。

　アメリカは世界最大の経済大国であり、日本経済にとって最も大きな影響力を及ぼす国といってもいいでしょう。アメリカの景気、そして株価の動きは日本株を占う上では重要な要因になります。

　アメリカの経済指標の2大指標といわれ、世界の金融関係者から注目されているのは以下の2つです。

米国・ISM製造業景況指数
（毎月第1営業日に発表）

　米国の製造業の主要400社の購買担当役員へ景況感のアンケートを行ってそれを指数化したもの。

　製造業の購買担当役員は景気の先行きを真剣に分析・検討しながら原材料の仕入れ量などを決めていくために、景気に対しては、かなり敏感な人たちです。その人たちの景況感を指数化したものであるため、景気先行指標としてかなり優れた指標であるといわれています。過去のデータでは、日経平均との連動性が高いことも知られています。

　50が景気の良し悪しの分岐点で、50超は景気が良い、50未満は景気が悪いと判断します。

237

米国・雇用統計・非農業部門雇用者数
(毎月第1金曜日発表)

　アメリカの農業部門を除く雇用者数の毎月の増減数です。アメリカは雇用制度が柔軟で、景気が良くなったり悪くなったりした時に、すぐに雇用調整する傾向があります。アメリカの雇用の増減数は、比較的景気変動をすぐに反映して動く傾向があるといわれています。

　アメリカでは、失業率は5％程度が適正な水準といわれています。アメリカの人口は増加傾向にあり、雇用者数の伸びが15万～20万人程度が失業率をキープする巡航速度といわれています。

　失業率5％を下回った状態で非農業部門雇用者数が20万人を大きく超える状況が続くとさらに失業率が下がっていくと考えられますが、そうなると景気は過熱気味と判断され、その後景気にブレーキを掛ける政策などが取られることも予想され、株価にはかえってマイナスとなります。

　次に中国の景気指数について紹介します。

　中国はアメリカに次ぐ経済大国で、世界第3位である日本の2倍のGDPを誇ります。日本とは隣国という関係もあり、日本経済にも大きな影響を与えます。その中国で最も注目される経済指標は次のものです。

中国・PMI （毎月月初に発表）

　PMIとはアメリカのISMと同じような指標であり、主要企業の購買担当役員にアンケート調査をして景況感を指数化したものです。

　中国には政府の調査によるPMIと、民間調査（財新とマークイットによる調査）によるPMIがありますが、株式市場では民間調査によるPMIの方が注目されています。

　50が景気の分岐点で、それを上回ると景気が良い、下回ると景気が悪いと判断されます。

paragraph-8

経済指標を見ながら
株の売買タイミングを考える

　実例を見ながら経済指標を見るコツ、株の売買タイミングに役立てる方法について学ぼう。

経済指標を見る3つのコツ

　経済指標を見る時には、

①水準だけでなく方向性を見る

②複数の経済データを合わせてみて判断する

③日経平均のトレンドも合わせて見る

　などがコツになります。

　まず、経済指標は水準だけでなく方向性を見ることが大切です。どんな低い水準でも、急速に回復してきている、連続で回復してきている、という時には、底打ちした可能性があるかもしれません。もし、景気が底打ちしつつあるなら、株を買う絶好のチャンスといえます。

　また、経済指標は一つだけでなく、複数を組み合わせて総合的に判断していくことが大切です。

　そして、日経平均自身が景気の重要な先行指標になります。日経平均のトレンドにも注意しましょう。日経平均のトレンドは経験上、52週移動平均線でよく捉えられる傾向があります。52週移動平均線の向き、株価が52週移動平均線の上にあるか下にあるか、という点に注意しましょう。52週移動平均線が上向いていて、株価がその上に乗った状態ならば、トレンドはまだ上向きである可能性が高いといえます。

　以上の点に留意しながら過去の事例でケーススタディしてみましょう。

アベノミクス相場の初動（12年12月〜13年5月）

　安倍政権がアベノミクスを掲げて第二次政権を発足させる前後から、日経平均は上昇を開始しました。大胆な金融緩和、それによる円高の是正などの政策に対する期待が高まり、株価と為替はいち早く反応して急速な株高・円安の動きになりました。

　日経平均の動きとしては、2012年12月には13週移動平均線、26週移動平均線、52週移動平均線の全てが収れんしてから上放れして、それらの線が一斉に上向きました。典型的な上昇転換の動きです。この後日経平均は急速に上昇していきました（図表5-9）。

　この時は、市場がかなり先行して急速に動いてしまったので、実体経済の動きを示す経済指標の動きは、なかなか追いつけませんでした。それでも景気ウォッチャー調査・先行き判断ＤＩは、41.9（11月）→ 51.0（12月）→ 56.5（１月）と急速に立ち上がりました。

図表5-9　アベノミクス相場初動の日経平均の動き

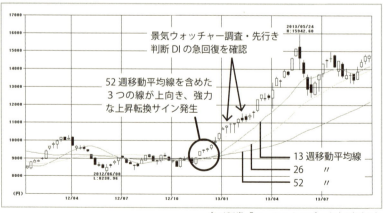

楽天証券「マーケットスピード」画面より

1月11日発表の12月分と、2月8日の1月分の景気ウォッチャー調査・先行き判断DIの急速な回復は、景気が回復トレンドに乗り始めたことを示唆していました。日経平均は8000円台から1万1000円台まで上がってしまっているところでした。それでもその後、日経平均は3ヵ月半後に1万5942円まで上昇しています。この2012年1月と2月の景気ウォッチャー調査の発表は、この上昇トレンドに乗っていくための重要な根拠を与えていたといえるでしょう。

2013年11月〜12月末までの上昇

　5月24日に1万5942円の高値をつけた日経平均は、その後調整に入ります（図表5-10）。
　株価の動きとしては、振幅が徐々に小さくなる三角もち合いの形による調整です。この三角もち合いは収れんすると、上下のどちらかに大きく動き出すことが多いことが知られています。この時は結局、11月半ばに上昇がスタートしました。
　この11月半ばに至る時期には、経済指標も上向きを示唆する様々なデータが発表されていました。

図表5-10　上向きを示す経済指標と日経平均の動き

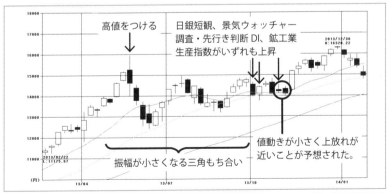

楽天証券「マーケットスピード」画面より

まず、米国のＩＳＭ製造業景況指数は、5月まで下降を続けていましたが、5～11月は49.0→50.9→55.4→55.7→56.2→56.4→57.3と急速に回復トレンドに入っていきました。特に、7月に発表された6月の指数（50.9）、8月に発表された7月の指数（55.4）によって、底打ち感がかなり強まりました。

　また、日本の経済指標も、

10月2日　　日銀短観・大企業製造業業況判断ＤＩ　4→12

10月8日　　景気ウォッチャー調査・先行き判断ＤＩ　51→54

10月30日　鉱工業生産指数が1年4ヵ月ぶりの高水準98.6

　となり、このような強い経済指標を前兆として日経平均10月半ばに1万4300円前後から上昇を開始して年末に1万6320円と約2000円幅の上昇となりました。

消費税アップ前後の時期（2014年4月）

　2014年に入ると4月の消費税アップを前にした駆け込み需要が活発になり、鉱工業生産指数などは、好調に上昇しました。

　しかし、消費税アップ後の消費の落ち込みがどうなるかわからないという不透明感から、景気ウォッチャー調査・先行き判断ＤＩは54.7（12月）→49.0（1月）→40.0（2月）→34.7（3月）と急速に落ち込みました。

　こうしたマインド低下を反映し、日経平均も12月末高値1万6320円から4月11日には1万3885円まで調整が進み、5月21日にも1万3964円の安値をつけるなど低迷が続きました（図表5－11）。

　ところが、消費税アップ後の4月の状況を示す経済指標として最初に発表された4月の景気ウォッチャー調査・先行き判断ＤＩ（5月12日発表）は一気に50.3まで急回復。4月に入ってから恐れられていた「駆け込み需要の反動減と消費税アップによる停滞」はあまり見られずに、意外に景気は堅調であるというのが多くの現場で働く人たちの感触でした。

242

また、1月に51.3まで急落していた米国ＩＳＭ製造業景況指数がその後、53.2（2月）→53.7（3月）→54.9（4月）と回復傾向にあったことも日本の景気を底支えしたと思われます。

　こうした経済指標の動きを背景としながら、日経平均は5月下旬に底打ちして上昇に転じました。

　8月以降は、米国ＩＳＭ製造業景況指数は頭打ちになり、下降転換していきました。景気ウォッチャー調査・先行き判断ＤＩも、夏以降は失速していきました。

　しかし、10月末に日銀が追加金融緩和を行うと、1万4000円台まで低迷していた日経平均は一気に1万7000円台へ。

　景気ウォッチャー調査・先行き判断ＤＩは、

　44（11月）→46.7（12月）→50.0（1月）と急回復しました。2015年2月9日にこの1月のデータで回復を確認しましたが、それ以降、日経平均は4ヵ月間で1万7000円台から2万952円と3000円以上の上昇となりました。

　以上のように経済指標を丹念にチェックしていくことによって、景気や株価のサイクル・トレンドがかなり捉えられるようになります。

図表 5-11　経済指標をチェックすることで株価のトレンドを捉えられる

楽天証券「マーケットスピード」画面より

paragraph-9

金融政策への
対処法を考える

日銀など中央銀行の金融政策の変更は、時に大きな上昇トレンドの開始のサインになり、時にバブル崩壊のサインになる。今、投資家として金融政策についてどう対応すればいいか考えを整理しておこう。

金融政策とは何か

金融政策とは、日銀など世界各国の中央銀行が世の中のお金の量を増やしたり、減らしたりしようとする政策です。**お金を増やす政策を「金融緩和」、世の中のお金の量を減らす政策を「金融引き締め」**といいます。

世の中を巡るお金の量は、基本的には金利によってコントロールされます。金利が低くなればお金が借りやすくなり、企業の設備投資や個人の住宅投資が増えます。

「日銀がたくさんお金を刷れば、お金が増える」と言う専門家もいますが、これは間違いです。日銀がいくらお金をたくさん刷っても、金融機関が日銀にお札の引き出しを請求しなければ、世の中に出回るお札の量は増えません。金融機関は、お客さんからお札の引き出しを請求されなければ、日銀から余分にお金を引き出すことはありません。つまり、世の中からの需要に応じてしか、お札は発行できないのです。

世の中のお金の量は、世の中の人がお札あるいはお金をたくさん使おうという需要によって決まります。そして、それは主に金利によって決まります。金利が低くなると、お金を使おうという人が増えるのです。

また、金利が低くなるとその国のお金を持っていることの魅力が少なくなり、通貨価値が下がりやすくなります。日本の場合は、円安になりやすくなります。円安になると輸出が増えやすくなりますし、海外で稼いでいる企業の収益が増えやすくなります。

さらに、金利が下がると銀行預金の魅力が下がるので、リスクがあっても株を買おうという人たちが増えて株価が上がりやすくなります。もちろん、景気や企業業績の拡大も株価上昇の要因になります。

そして、中央銀行は金融政策の手段として金利をコントロールします。**中央銀行が直接コントロールする対象となる金利を政策金利**といいます。基本的には短期金利であり、日本の場合には金融機関同士が1日だけお金を融通しあう「無担保コール翌日物金利」が対象となります。

量的緩和の狙い

しかし、この「無担保コール翌日物金利」は2000年頃には、ほぼゼロになってしまいました。もうこれ以上金利を下げることはできません。

そこで、2001年には世界で初めて量的緩和が採用されました。**量的緩和は、日銀が国債を買い取ることで、より期間の長い金利を下げようという政策**です。日銀が国債を買うと、国債の価格が上昇して利回りが下がります。国債の利回りは、期間の長い金利の基準になるので、住宅ローンをはじめ様々な金利が下がります。無担保コール翌日物という最も短期の金利はほぼゼロでしたが、量的緩和では、期間の長い金利をより直接的に押し下げる効果を狙っているわけです。

金利は一般的には、期間が長くなるほど高くなる傾向があります。住宅ローンでも短期金利に連動する変動金利ものより、長期固定ローンの方が高くなります。短期金利に連動する変動金利の場合には、今後、金利が上昇すれば、思わぬ高金利を支払う事態になるリスクもあります。そうしたリスクを避けたい人は、多少高い金利でも固定するという選択をすることになります。そうしたことから金利は、期間が長くなるほど高くなる傾向があるのです。期間ごとに金利がどう変化していくかを示したグラフをイールドカーブといいます。

従来の金融政策では、日銀が最もコントロールしやすい金融機関同士の資金繰りの期間1日の金利（コールレート翌日物金利）を上下動させることで、イールドカーブ全体を押し下げようとしていました。しかし、

245

それがほぼゼロになってしまったことで、今度は国債を買い取ることで、より期間の長い金利を直接的にコントロールしようとしているわけです。

図表5-12 量的緩和の効果とは

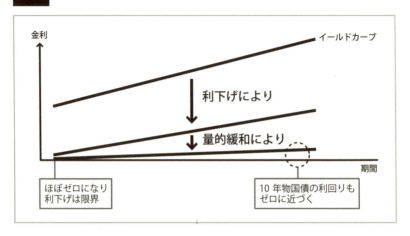

異次元緩和とは

　日銀は、リーマンショック直後から国債の買い取りをどんどん増やしました。黒田総裁のもとで行われた2013年4月の異次元緩和と呼ばれる量的緩和、2014年10月の追加緩和では、さらに国債の買い取りを増やし、2015年現在では、年間80兆円ペースで国債を買っています。

　国が新規に発行する国債は、2015年現在30兆円程度ですから、それも大幅に超えるほど巨額の買い取りということになります。

　日銀はそれに加えて、2015年現在、年間3兆円のペースでＥＴＦ（上場投資信託）を、年間900億円のペースでＪ－ＲＥＩＴを買い付けています。

　日銀の目論見通り長期金利は下がりました。2015年現在、10年物国債利回りは、0.5％を下回る水準とほとんどゼロ近辺で推移していて、低下余地がほとんどなくなりました。

これ以上、量的緩和を拡大しても金利自体は、下がる余地がほとんど残されていません。それでも、日銀は「インフレ期待を起こすことでお金の量を増やす」と説明しています。インフレ期待というのは、物価が上がっていくという予想ですが、そういう予想が強まれば、借金をしてでも家や自動車を買うという人が増えて、企業も設備投資を増やす可能性があります。では、どのようにインフレ期待を起こすのかというと、日銀は断固としてインフレを起こす姿勢を取り続けることで、インフレ期待を起こすという説明をしています。ＥＴＦやＪ－ＲＥＩＴの買い取りなども、インフレ期待を起こす一つの手段のようです。

異次元緩和の後遺症はないのか

　黒田総裁のもとでの２回の金融緩和により、日経平均は大きく上昇しました。株価は金融政策だけで動くわけではありませんが、金融政策が株価上昇の大きな要因になったことは確かでしょう。特に、日銀がＥＴＦを通じて株を年間３兆円も買うという政策はインパクトがありました。

　しかし、

- **その効果に持続性があるのか**
- **さらに金融政策を拡大する余地があるのか**
- **過去に例のない金融政策による後遺症はないのか**

　など、様々な懸念もあります。

　金融政策は万能ではありません。本来、それは景気変動が大きくなりすぎないように調整したり、構造改革という手術に耐えるための麻酔のような働きをするものです。あまりにも金融政策に頼りすぎると、金融政策そのものの効果が薄れてしまったり、金融政策の使いすぎによる後遺症が出てしまう可能性も考えられます。

　後遺症というのは、高度なインフレ、バブルの発生と崩壊などです。金融政策は、とても複雑で難解なものとなってしまいましたが、そうした点に留意しながら金融政策をめぐる状況についてもウォッチしていくべきでしょう。

paragraph-10

金融政策で
株価はどう動くか

　金融政策についての基本、金融政策をめぐる最近の複雑な状況などについて説明してきたが、次には金融政策と株価の動きの関係について考えてみよう。

金融相場

　金融緩和策は、基本的に景気が悪くて企業業績が悪化している時に行われます。金融緩和自体は株価上昇要因ですが、景気や企業業績の悪さという下落要因との綱引きで株価の動きが決まります。

　しかし、2回、3回と連続で金融緩和を続けるうちに、だんだん株価がトレンド転換していくケースが多いようです。

　金融緩和が行われて効果が出始めると、まずは株価が上昇し始めます。その時は、景気や企業業績がまだ最悪な状況の中で株価が上昇し始めます。こういう局面を**「金融相場」**といいます。

　金融相場では、ほとんどの銘柄が一斉に上昇していきますが、特に大きく売り込まれた銘柄が急速に戻していく傾向があります。特に、化学、機械、電子部品、金融など、景気に敏感な業界の株で大きく売り込まれていた銘柄が、大きくリバウンドする傾向があります。

　また、不況の中でも業績を伸ばしていたのに株価が安く抑えられていたような株も、金融緩和などをきっかけに大きく上昇し始める傾向があります。

業績相場

　金融政策が実体経済に対しても効果を出し始めて景気回復が本格化してくると、今度は、企業業績の回復に伴う株価上昇の局面になってきます。こうした上昇相場を**「業績相場」**といいます。

金融相場では、売り込まれた株が一斉に回復する局面ですが、業績相場では銘柄選別が起こり、

- **特に業績が良い銘柄が一段と上昇**
- **業績が良いのに出遅れている銘柄が上昇**

というような展開になる傾向があります。

地味な小型株にも徐々に投資資金が向かい始めます。

逆金融相場

景気回復が軌道に乗り始めると、金融政策は金利を引き上げるなど引き締め方向に行き始めます。

金融引き締めは、景気や株価が絶好調の時に行われることが多いので、金融引き締めを開始しても、しばらくは株価上昇が続くケースが多いです。これは、まだ業績相場の局面です。

しかし、だんだん金融引き締め策が効いてくると、まずは株価が下落し始めます。景気も企業業績も好調な中で株価が下がり始める形になります。この局面を**「逆金融相場」**といいます。

逆金融相場の時には、まず、景気に敏感な業種の株が特に下落します。一般的には、化学、機械、電子部品、金融などのセクターがそれに該当します。そうした業種の中でも、特に大きく上昇して時価総額も大きな銘柄が下落しやすくなります。そうした株は、業績が絶好調の中で下落していくので、PERは低くなっていきます。

業績好調でPERが低いと買いたくなってしまいますが、逆金融相場の中で景気敏感な企業の株を買うのはリスクが高くなります。

もちろん、PERがあまりにも高くなりすぎた株もこの局面では、下落するリスクが高くなってきます。

ただし、出遅れて上昇してまだ割安さの残る小型株などは、上昇し続ける可能性もあります。

249

逆業績相場

　そして、景気や企業業績の調整が本格化すると、業績悪化に伴う株価下落の局面になります。この局面を**「逆業績相場」**といいます。

　景気悪化がはっきりしてくると、景気対策や金融緩和などが行われ始めます。そして、金融相場が始まります。

　一般的にはこのように、金融相場→業績相場→逆金融相場→逆業績相場→金融相場……というように循環する傾向があります。

　しかし、2015年現在の状況は、景気が回復軌道に乗って株価も大きく上昇しているのに、アメリカは金融引き締めができないままで、日本は2014年10月に追加緩和を行ってさらに追加緩和を期待する声が出ているところです。とても、金融引き締めをするような流れにはなっていません。

　特に、日本は金融緩和の手段も限られる中で、ＥＴＦの買い取りを増やすなど苦肉の策を取っています。

　今後、このまま景気回復が軌道に乗って金融引き締めをするような循環になるのか、それとも、金融緩和の手立てや金融緩和の効果に限界が来て、経済が混乱してしまうのか。そうした点が注目ポイントになります。

| 図表 5-13 | **金融政策による相場サイクル**

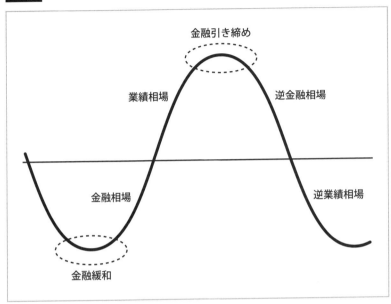

paragraph-11

為替によって
株価はどう動くか

　為替と株価の関係は、2015年現在は、円安＝株高、円高＝株安、というような傾向が見られるが、今後もこの関係が続くのか。為替によって銘柄物色はどう変化するのか。そうした為替と株価の関係を考えよう。

円安＝株高の関係は今後変わる可能性も

　円安＝株高という関係は普遍的なものではありません。

　2005年頃までは円安＝株安、円高＝株高という関係がありました。さらにさかのぼって1996年頃までは、今と同じく円安＝株高、円高＝株安という関係がありました。そして、1980年代末までは円高・株高が長期的なトレンドとして続いていました。

　以上のように、為替と株価の関係は、時代によってバラバラです。**2015年現在の「円安＝株高、円高＝株安」という関係も、どこかの段階で崩れて、別の相関関係が生まれる可能性もあります。** そうした点も注意しながら、為替と株価の関係をウォッチしていきたいところです。

為替を動かす2大要因

　為替を動かす2大要因は物価と金利です。そして、物価については、**インフレ＝円安、デフレ＝円高**という関係があります。また、金利については**金利高＝円高、金利安＝円安**という関係にあります。

　インフレとは物価が上がることですが、そうなると同じお金で買えるものが少なくなるということであり、それはお金の価値が低下するということでもあります。ですから、インフレは円安の要因になります。逆にデフレは円高の要因になります。

　また、金利が高いとその通貨を持つ魅力が増しますし、低いとその通

貨を持つ魅力が低下します。

たとえば、2008年のリーマンショック後は、円高・ドル安が進みました。日本も金融緩和をしましたが、アメリカはそれ以上に大胆な金融緩和を進めたからです。しかも、日本はアメリカ以上にデフレ状況が酷かったからです。

しかし、2012年末頃からは、日本は安倍政権が今までよりもかなり大胆な金融緩和の導入を目指す方針を打ち出しました。

また、2013年に入るとアメリカの景気や株価の順調なトレンドが確認されて、年後半には量的緩和を縮小する時期を探り始めました。このように日米の金融政策を比べると明らかに日本の方が緩和に積極的なため、円安・ドル高トレンドは加速していきました。

また、日本経済は電気製品などをはじめとした分野で国際競争力が低下しているところに、リーマンショックに続いて東日本大震災の影響で低迷にあえいでいました。そのように弱った経済状態の時には円安で交際競争力を取り戻すことが経済全体にもプラスに働くということで、円安とともに株価も上昇していきました。

円安・円高による銘柄の物色傾向

円安トレンドか円高トレンドかによって個別株の物色傾向も違ってきます。

一般的に円安トレンドでは、

- **海外で稼ぐ企業**
- **国内で輸入品と競っている企業**

などの企業の収益と株価を押し上げる傾向があります。

海外で稼ぐ企業は、稼いだ外貨の価値が円安によって上がるので収益が押し上げられます。

また、円安によって輸入品が高くなるので、その輸入品と競争している企業にとってもメリットがあります。

その他、円安によって外国人旅行者の増加が見込まれ、そのことによ

253

りメリットを受ける企業も円安メリット企業といえます。また、これらの企業は円高ではデメリットを受けます。

　逆に、円安でデメリットを受け、円高でメリットを受ける企業もあります。海外から仕入れて国内で販売する企業などです。飲食業や小売業の多くはそれに該当します。

　ただし、為替は業績を決める要因の一つにすぎません。円安がデメリットになる会社でも、それ以上に景気が良くなれば業績・株価が伸びるケースもあります。
　あくまでも、為替を含めてその企業を取り巻く状況をトータルで判断する必要があります。

[編著者]

ファイナンシャルアカデミー

2002 年の設立以来、金銭や経済の基礎となる会計、経済、経済新聞の読み方、マネースクール、ライフプラン策定から、お金の教養スクール、株式投資、不動産投資のスクール、セミナーまで幅広いファイナンシャル教育を行っている日本最大級の独立系ファイナンシャル教育機関。

金銭や経済に関する教育——ファイナンシャル教育を、真に豊かな人生を送るために万人に不可欠の「教養」と位置付けて、分かりやすさ・実用性、そして心躍るような「学びの楽しさ」があるかどうかという観点から、独自のカリキュラムによる講座を提供している。

2002 年から 13 年間の受講生は延べ 35 万人を超え、たくさんの受講生から絶大な支持を得ている。本書は、その人気講座のうちの一つを書籍化したもの。

ファイナンシャル教育のあり方や、カリキュラムの中立性等について、公正な内容を提供するために各分野における有識者で構成されるアドバイザリーボードも設置している。

http://www.jfa.ac

泉　正人 (いずみ・まさと)

ファイナンシャルアカデミーグループ 代表。一般社団法人金融学習協会 理事長。

自らの経験から経済金融教育の必要性を感じ、2002 年に「お金の教養」を身につけるための日本唯一の総合マネースクール「ファイナンシャルアカデミー」を創立。身近な生活のお金から、学問的視点、資産運用まで、独自の体系的なカリキュラムを構築し、13 年間で延べ 35 万人に義務教育で教わらない「お金の教養」を伝えている。

一般社団法人金融学習協会理事長としては「マネーマネジメント検定」を運営。学校現場への経済金融教育カリキュラムを提供するなど、啓蒙活動も精力的に行っている。現在では、グループ 4 社を牽引し、より多くの人に豊かな将来と自立心を創りあげるための金融経済教育の定着を目指している。著書は 30 冊累計 130 万部を超え、韓国、台湾、中国で翻訳版も発売されている。

小泉秀希 (こいずみ・ひでき)

日興証券（現在の SMBC 日興証券）などを経て、1999 年より株式・金融ライターに。株式や経済金融関係の本の執筆・編集を手がけ、その売上は累計で約 100 万部に達する。

これまでに、1000 人を超える投資家や専門家と交流し、長期投資からデイトレードまで多数の成功事例や失敗事例を研究してきた。

それをシンプルなノウハウとして体系化し、自ら実践して成果を上げてきた。

2008 年からファイナンシャルアカデミー主宰「株式投資の学校」講師に。わかりやすく、かつ実践で役立つ懇切丁寧な指導ぶりが人気。

※本書は特定の投資商品・投資手法を推奨するものではありません。

※本書は教育的目的のために編集されたものであり、内容の正確性を保証するものではありません。法律や税制など、詳細は時代や地域により異なるため、実際に投資を行う際には専門家のアドバイスを仰いでください。

※本書により発生するいかなる損害についてもファイナンシャルアカデミー株式会社ならびに出版社は責を負いかねます。投資判断は自己責任に基づき行ってください。

さらに確実に儲けるための実践的な方法が学べる!

株式投資の学校［ファンダメンタルズ分析編］

2015年12月10日　第1刷発行

編著者―――――ファイナンシャルアカデミー
発行所―――――ダイヤモンド社
　　　　　　　　〒150-8409　東京都渋谷区神宮前 6-12-17
　　　　　　　　http://www.diamond.co.jp/
　　　　　　　　電話／03･5778･7234（編集）03･5778･7240（販売）
装丁―――――――重原隆
本文デザイン･DTP―ムーブ（新田由起子、川野有佐）
製作進行―――――ダイヤモンド・グラフィック社
印刷―――――――加藤文明社
製本―――――――本間製本
編集担当――――――髙野倉俊勝

©2015 ファイナンシャルアカデミー
ISBN 978-4-478-06791-8
落丁・乱丁本はお手数ですが小社営業局宛にお送りください。送料小社負担にてお取替えいたします。但し、古書店で購入されたものについてはお取替えできません。
無断転載・複製を禁ず
Printed in Japan